U0965527

非正式会谈：

遇见温暖的你们

《非正式会谈》节目组
乔昀——组编

西苑出版社
XIYUAN PUBLISHING HOUSE

图书在版编目（CIP）数据

非正式会谈 ：遇见温暖的你们 / 《非正式会谈》节目组，乔昀组编．— 北京 ：西苑出版社，2019.5
ISBN 978-7-5151-0715-8

Ⅰ．①非… Ⅱ．①非… ②乔… Ⅲ．①中外关系－文化交流 Ⅳ．①G125

中国版本图书馆 CIP 数据核字（2019）第 087369 号

非正式会谈：遇见温暖的你们
FEI ZHENGSHI HUITAN：YUJIAN WENNUAN DE NIMEN

出 品 人 赵 晖
责任编辑 朱晓瑜
特约编辑 萨 萨 夜 森
装帧设计 Pluto.L
出版发行 西苑出版社 XIYUAN PUBLISHING HOUSE
地址邮编 北京市朝阳区和平街 11 区 37 号楼
电 话 010-88636419
印 刷 北京盛通印刷股份有限公司
开 本 787×1092 毫米 1/16
字 数 200 千字
印 张 13
版 次 2019 年 6 月第 1 版
印 次 2019 年 6 月第 1 次印刷
定 价 55.00 元

MADISON

代表简介：

/功必扬：

具有阿根廷和西班牙双重国籍，主持人。

左右：

美国人，演员。

华波波：

伊朗人，演员。

穆小龙：

埃及人，新华社记者。

YOYO（浅井悠佑）：

日本人，地产经纪人、兼职模特。

小贝（贝乐泰）：

澳大利亚人，第十二届“汉语桥”总冠军，新媒体主编。

钱多多：

尼日利亚人，演员。

OO：

缅甸人，毛衣设计师。

米可：

意大利人，国际米兰俱乐部商业运营人。

罗狮杰：

美国人，北大研究生。

唐小强：

土耳其人，商人。

吕锐：

马来西亚人，演员。

/ 钟逸伦：

具有美国和意大利双重国籍，音乐人。

/ 帅波波：

具有阿根廷和意大利双重国籍，美食博主。

一之濑：

日本人，B 站 UP 主。

/ 天乐：

具有泰国和印度双重国籍，儿科见习医生。

阮奕信：

法国人，自主品牌创业者。

宁大人：

南非人，服装设计师。

Contents

目录

INFORMAL TALKS

Chapter One

主席团有话说

INFORMAL TALKS

Preface

帅气担当——会长大左

无数个深夜想提笔写这段文字，但是每次写两句就突然停止。不知道从哪里说起，因为故事太多。接下这个节目的时候，我正在美国旅行，不得不提前改了机票回来，我是喜欢这个节目形式的。问起来为什么要找我，多年之后导演们说，是因为之前合作过《我爱我的祖国》。我怎么也想不起来，我在那个节目里有什么精彩表现。直觉吗？可能这就是缘分吧。

我和杨迪都是第五期加入节目的。录制之前，我故意没有看以前的节目，因为我想有一点自己的风格。“一定有人不喜欢这个节目换主持人，他们说你一定很差。”这是刚收到节目组邀请的我最害怕发生的结果。

只是，人不能一直活在套子里。而且不得不承认，当我开始想象结果时，实际上我已经开始期待了。所以我觉得，或许我可以试试。慢慢到了今天，庆幸越来越多的人开始叫我“会长”。而我，也把这个名字当作最亲切的称呼，这是自己人的暗号。

下笔的过程中，开始回想这三年的点点滴滴，无数个瞬间依然清晰。走廊里一会儿英文、一会儿中文、一会儿法语、一会儿意大利语的对话声依然清晰。代表们一起订了咖啡和外卖，录制节目中间突然打进来外卖送到了的电话，接还是不接？节目录到晚上两三点，迷离的眼神，第二天早上起来又活力满满的样子。第二季结束时，每个人哭成“狗”的可爱模样。还有，韩一的爸爸给我寄来的补品上，写着“儿子，还好吗？”……这些瞬间现在带给我胸腔的那种感觉可能就是幸福吧。

人在工作中总是希望能遇到几个默契的搭档，默契到不用过多解释，一个眼神就能明白的那种。我与杨迪、陈铭、陈超这几位的故事，一开始就不能免俗。因为我们之前并不了解彼此，所以我刚开始看他们不一定会特别顺眼。不过，一步步地往最舒适的方向走，我们的默契从节目开始，一直延续到生活中，生命里。现在，我们不只是朋友，更像亲人，因为我们的基因里都有着“非正”的 DNA。

自从开始录制节目，真是收获了许多意外之喜。从此出门旅行，我无论走到哪儿，各个国家都有亲人，都会留下记忆。世界这么大，我以前真是不敢想，它真的会变成我们的家。平时录完节目，哪怕录到半夜，我们都还要搭帮结伙去吃海底捞。和想要一起的人在一起真是不管做什么都觉得很快乐，无论待到什么时候都不会嫌晚。

说起来，这个节目真是我的大型“真香”现场。数不清有多少次我曾经和编导说：“这个环节设置有问题，一定会垮。”然而我一次次被打脸。每当大家聚在一起时，再“无聊”的环节都会神奇反转，带来意想不到的惊喜效果，印象最深的比试玩具枪枪法游戏、世界杯游戏……这些代表是有什么隐藏技能吧？

每期节目背后的故事数不胜数。其实我们算得上是名副其实的“养成类节目”了，先天条件不足，坎坷无数。“爱非”们目睹了我们每一步的进步过程，正是因为每一位“爱非”的存在和不遗余力的帮助，《非正式会谈》节目才能够有今天的成绩。豆瓣评分第一季 9.3 分，第二季 9.6 分，第三季8.9分，第3.5季8.6分，第四季9.2分，不知道这是多少“爱非”日夜为我们推荐、打分的结果。B 站弹幕数量激增，找赞助，寻众筹，固然最开始我们什么都没有，但现在我们有了大家，这真是最好的结果。

就在前两天，陈铭老师上了热搜，广场里还都是我们的“爱非”在推荐节目，让我又忍不住小小地骄傲了一下。三年，五季，因为你们，所有的努力都有了意义。总之，岁月漫长，然而未来无限，值得期待。

Preface

搞笑担当——副会长杨迪

大家好，我是《非正式会谈》（以下简称“非正”）的副会长杨迪。当然，第一季马薇薇在的时候，我的职务是秘书长。产房传喜讯，我升了！“非正”已经陪大家走到了第四季，中间再穿插一个3.5季。一档节目能做三年着实不易，值得欣慰的是你们仍一如既往地支持着我们，而今天还有粉丝们要帮我们出书了，万分感谢。

因为这本书，制片人委托我来写一段文字。我现在就在没有打任何草稿的情况下写着，想到关于“非正”的种种就拿来跟大家来分享一下。

我和会长大左一样，都是在第一季第五期加入这个节目的，这也是我第一次有机会在节目上呈现一个与别处不一样的自己。在这边，我学会了娓娓道来、见缝插针和抛砖引玉。这几项技能是我在节目播出时边看边总结出来的。“非正”的后期太棒了，它让每一个主席团成员和外国代表们都各有风采而又那么讨喜。我也没想过我还能成为自己节目的忠实观众，每周都满心欢喜地等待着最新一期的到来。后期能很好地修补我们在节目现场的梗，并使节目再次升华，这个是很多节目做不到的。往往现场中的一些梗会在播出时打一些折扣，只有“非正”，让这个梗“变本加厉”地好玩。我至今都能回忆起在电视上看到自己模仿钱多多边往后走两步边说“啊”的时候，后期把钱多多的头像P到了我头上的画面。那天我真的是笑到肚子痛，太精彩了！所以我爱“非正”，它让我对自己的梗更有自信了，每每回味起来，我都会笑出声。

大家也都知道，我们节目很在意 B 站的一些评论，那也是有缘由的。我是我们节目里第一个在 B 站看“非正”的。那还是在第一季的时候，我上传了一些我在“非正”节目里的片段到自己的 B 站账号，发现弹幕里几乎都是夸赞之声——要么就是觉得片段有趣，想知道是什么节目；要么就是看过节目的观众给大家推荐说这个节目不错。我就和节目组负责人说：“我们节目要不要开始在 B 站更新来看看？”事实证明，这个举措太正确了。随着“非正”在 B 站的更新，我们的节目在那里的影响力越来越大，而我真的在那些越来越多的弹幕里获得了信心和力量——原来做一档好的节目可以让大家这么开心。在此之前，我看任何节目都不可能开弹幕，觉得影响观感。但是因为“非正”的关系，我爱上了节目和弹幕同屏展播，收视效果加倍！这些弹幕不仅给了我力量，也给了节目组力量。大家知道了“非正”原来在很多人眼中这么珍贵，这太让我们感动了。

还有一个小故事，是负责湖北卫视很多节目的毛总告诉我的。按照台里的惯例，每档节目每年都会有几次重播的机会，这样可以给导演组一些喘息的时间。之前的节目重播也就重播了，当“非正”第一次重播的时候，“非正”的官微一下子被网友大量评论：“苦等一周好不容易盼到今天播‘非正’，居然是重播之前的！官微你得给我们一个说法。”这件事情让毛总有些惊到了。他说，他也做了挺多节目，其实重播这种情况很正常，播也就播了。然而“非正”重播居然会有如此波澜。毛总意识到，原来一直关注着我们节目的观众，比想象中的还要多。而自己制作的一档节目有这么多人看，甚至节目都渗透到了观众的生活里，这份成就感和骄傲感让毛总在这些年来不管“非正”遇到什么困难，都没有放弃过它，因为毛总和我们都不能让守候“非正”的你们失望。

这档节目不仅让很多观众从以前只是认识或完全不认识我，直接变成“杨迪真是长在我的笑点上”。也让大左、陈铭、陈超等参与过节目录制的每一位成员，都能感受到来自观众的爱。只要参与这个节目，就会得到爱。而参与这个节目的我们，真的就像在参加一群朋友的聚会。我们熟悉彼此才能无所不谈，所以一档节目好看与否，录制成员是不是朋友太重要了。不夸张地说，每个月我都盼着“非正”的录制，每周我都等着“非正”的播出，如果人生一定要找到一件让自己快乐的事情，录制“非正”就是这么一件快乐的事情。

最后真的要特别感谢热爱“非正”的你们，谢谢你们给我们的爱。时光不老，我们不散，期待和你们在“非正”的下一次相聚。

Preface

智慧担当——秘书长陈铭

缘，妙不可言。

很多年后的一个夜晚，当某位中年男子回忆起，很久以前的某个下午，在湖北广播电视台一楼录制大厅里录制《今天不烦恼》时见到主持人大左的那一个瞬间，他一定不会知道，这会对我后来的人生造成什么影响。

那个节目录制完毕的下午，主持人大左找到其中一位嘉宾——一名来自武汉大学的貌似中年的老师，闲聊了几句，然后问他："对了，陈老师，你听说过《非正式会谈》这档节目吗？""听说过呀！我的朋友马薇薇之前录过，还跟我提起过，说里面帅哥众多！""那你想不想来试试呢？"

从未想到这个节目，如此贫寒。刚开始录的时候，发现台本上描写的节目组好穷。如果说艺人有人设，这个"穷"是"节目设"吗？深入了解之后我恍然大悟：我的天哪！没有装，没有演，这是个多么实事求是的评价！湖北卫视是我的家乡卫视，但的确称不上一个富裕卫视。这使我们每一季对广告商的态度都是那么赤诚——谈成之前求其若渴，谈广告中如履薄冰，谈成之后感激涕零，稍纵即逝又痛心疾首……这使得"爱非"家族们在这奇妙的背景下滋生出了奇妙的凝聚力。迄今为止，各大品牌下"爱非"们的疯狂推荐，甚至不断要求众筹做节目，堪称是节目制作史上的一大奇观。

从未想到这个节目，如此温暖。每次主席团和代表们齐聚北京，大概会连录四期或者六期节目，播一个月左右，所以录制频率基本上也是每月一次。每月有一次回家之旅。

每次看到日程表上录制日期临近，我们的心里总有一种莫名的躁动与期待：哈哈，又能跟那一大帮外国嘉宾畅聊了！然后，干别的事也会更有动力。抵达录影棚时，我心里就已经开始兴奋了——你知道待会儿录制时一定会出现精彩，你又不知道会出现什么样的精彩，然后录制过程又一定会超越你的期待，这种感觉难道不让人着迷吗？

从未想到这个节目，如此犀利。敢把游戏做得那么大尺度，敢把玩笑开得那么无厘头。不是一档真人秀，却敢于暴露那么多真实的自己；不是一档新闻节目，却敢于对时下的最热点新闻犀利吐槽，勇敢发声，前所未见。说到这里，我要好好感谢两个人。一个是湖北广播电视总台向培凤——向台。当初台里各式节目策划案“乱花渐欲迷人眼”时，向台慧眼识珠，一下挑出《非正式会谈》，并坚定地把这个项目推进下去。文化碰撞，青春视角，多元价值，才有了淋漓尽致的可能。另一个必须感谢的人是湖北卫视毛庆——毛总了。每次录制时，毛总只给我们一个监视器前的背影，但那就是我们最安心与最暖心的所在。每当我们对接下来的话题不太有信心时，毛总总会小声但坚定地说：“先试试！不试怎么知道边界在哪里！”那是一种对价值观的坚持，对现代性的肯定。对于我们敢探讨至如此广度与深度，毛总功不可没。

从未想到这个节目，如此赤诚。在这个节目里，戴着面具，都走不远。聊着聊着，辩着辩着，人生价值观基底的部分都会暴露出来。兄弟之情怎么来的？线下老聚会怎么来的？真实的灵魂彼此交换出来的。第二季的时候，编导小哥哥、小姐姐还会给我的发言部分准备稿子，到第二季结束，他们便有些绝望了——陈老师怎么老不按稿子上的内容来？不过精彩就好……到了第三季往后，台本上常见的是：“陈老师总结部分：略。”“陈老师总结部分：请您自由发挥！我们看好你哟！（笑脸）”那个“略”字让我有一种做高考模拟卷偷翻答案时看到这个字的那种绝望。不过给我的自由空间，我还是十分感谢的。尤其是辩论的收尾，我心里会有几个大方向，但到了发言的时候，要往哪里说，说成什么样，说到什么程度，完全交由现场。因为你越录制就越会发现，语言生命力的极致，原来是在流动和瞬间之中。就在那一秒，就在那一瞬，就在那一语境，就在那一情绪里，“砰”的一声炸响，漫天霞光，仿佛整个时光都是在等待那一刻的出现。然后你只需期待，期待下一个这样的瞬间出现。

一转眼节目已走过了五季的时光。然后，节目组说准备出本书来记录这些点点滴滴。我感激不已，便就有了这篇序。

从未想到这个节目，让你如此依恋。那就让我们牵起手吧，越走越远。

Preface

可爱担当——书记官陈超

提笔，不知从何说起。

其实得到这个任务，已经是几个月以前的事了，却迟迟没有动笔，一直拖延到截稿前的最后一刻。万语千言堆在心口，不知道应先讲哪一句。

听制片人姐姐说，有粉丝要为我们出书了。除了欣慰，还是欣慰。虽然早在之前就有很多粉丝为我们的栏目剪辑制作节目合辑，但总觉得出书具有更高一筹的仪式感。没有什么比白纸黑字印刻下来更显仪式感了。在中国的文化里，著书立说历来是读书人的终极目标之一。不敢说我们的《非正式会谈》已经成了一个标杆一样的存在，但有一点毋庸置疑，我们收到的来自粉丝的爱，正在呈几何级数般增长。

这绝不是一篇序，这应该更像是一篇我们当年写给友人的同学录。不加修饰，全是流水，淌出的都是真情。

在节目里我们常说人设、标签。我自己一贯认为我最大的标签就是没有标签，我也没有专门为这档节目去设立一个什么标新立异的人设。我就是我，节目里的我，就是生活中的我。所以我也一度因为自己人设不够鲜明、辨识度不够高而苦恼。可我慢慢发现，随着节目的播出，一些有趣的标签被粉丝们一个一个地贴到了我的身上。比如，综艺节目里的新闻主播、民歌女歌手、学霸、放飞自我的敲敲、单身恨嫁女青年等。我突然发现，原来我自己习以为常的事情，在我们粉丝的眼里，都成了可爱的标签。

记得在第二季播出的后半段，有许多粉丝在我的微博里留言，说:“超超你变了。”

是的，我在变，变得敢于在镜头前展现真正的自己。但我也没有变，因为我一直都把我们的观众当作真朋友来对待。

我想，我们《非正式会谈》里的每一位成员都是幸运的。好荣幸，能在我们这么多粉丝的生命中留下一抹痕迹。我经常会在自己的微博里发现类似这样的留言："超超，我要中考了,你可以给我加加油吗？""超超，我要进入高三了，接下来的日子我不能每期准点追《非正式会谈》了。""超超，我考上你的大学了，我成为你的师妹了。"……缘分就是这么奇妙，因为《非正式会谈》，我们有机会见证并分享着很多未曾谋面的粉丝的生活，我们顺理成章地成为了他们成长中的参与者。当然，我们的粉丝也在见证着我们的成长，分享着我们的快乐，分担着我们的忧愁。

尼采曾经说过：生而孤独。但我相信，我们因为《非正式会谈》的链接，彼此的分享，并不孤单。《非正式会谈》里的很多外国嘉宾都已经在中国生活多年，很多人早就成为了"中国通"，并且长期都没有要离开中国的计划。我突然想到了昨天录另一档节目时，认识的一位来自阿尔巴尼亚的小姑娘伊娃。她的爸爸和我们《非正式会谈》里的大多数外国小哥哥一样，当年是一位来中国学习的留学生。因为热爱中国文化，同时看好中国的发展潜力，毕业后留在了中国，并将他的爱人也带到中国，在这里开始了他们的事业和新的生活。我们从伊娃的身上真的可以感受到中西文化的融合。她穿着蓬蓬公主裙，但又搭配着中式旗袍小立领；她金发碧眼，却讲着一口流利且标准的普通话；她一边想念着自己的故乡，一边热爱着在中国的生活。当看到这样一个幸福家庭的时候，我就在想，这会不会是我们很多外国嘉宾的未来呢？伊娃是一个美丽又有爱的姑娘，无论她以后是留在中国还是回到故乡，或是去这世界上任何一个地方，我想她都不会有陌生感和不适感。因为，爱是人类共同的语言，这世界就是我们的家。

Chapter Two

和"非正"一起

食过三餐，度过四季

INFORMAL TALKS

食过三餐，度过四季，周而复始，便是一生。希望有"非正"陪伴的你们，一生平安喜乐。

土耳其

唐小强推荐：

> 香肠煎蛋 、土耳其红茶

想要一天都充满力量，那就要从满桌子丰盛的早餐开始。

土耳其人的早餐餐桌上总是堆满了各式各样的食物，它们象征着土耳其人的热情和对一天美好生活的期待。其中，最具代表性的食物之一就是一种类似香肠煎蛋的食物（土耳其语：Sahanda Sucuklu Yumurta）。香肠切片，将鸡蛋打入其中，放在平底锅上煎至鸡蛋半熟，再将蛋清和

蛋黄搅匀，配上烤得松软的面包食用，这一天你都会元气满满。作为香料大国土耳其，早餐桌上各式的酱料也恰到好处地配合了土耳其人对面包的热爱。种类繁多的起司加上各类腌制的小菜，点缀了土耳其人早餐的盛景。最后不得不提的是土耳其的红茶，浓郁的茶香配上一两块小小的方糖，无论在什么季节，这样一杯热气腾腾的红茶都是土耳其人早上必不可少的灵魂。

三餐篇

INFORMAL 早 TALKS

美国

罗狮杰推荐：

› 早午餐

用各国美食唤醒你的胃。

美国作为移民国家，餐桌上的美食自然也来自五湖四海，早餐食品看上去就像“西式早餐”大杂烩。美式早餐源自英式早餐，又因为文化差异衍生出了自己的特色。尤其是早午餐，它丰富的形态给人们带来了不同层次的享受，美国人称其为“Brunch”。美国人的早午餐通常会有肉、蛋、面包等，蛋也有多种做法，如煎蛋和水煮蛋就各有不同。在早午餐的食物搭配中，单面煎蛋配传统的煎香肠，班尼迪克水纹蛋佐以口感润滑的荷兰酱，炸得外酥里嫩的薯饼配上烤得酥脆的培根，蓬松可口的欧姆蛋配酸甜的酱汁，华夫饼搭配蜂蜜，松饼和炒得软嫩的炒蛋美妙的结合。这样的早午餐带着一种叫温柔的诱惑，打开你的味蕾，填满你的胃袋，让你一整天都幸福感爆棚。

INFORMAL 早 TALKS

日本

一之濑推荐：

> 味增汤、生鸡蛋饭

清清爽爽，元气满满。

日式的传统早餐以米饭为主食，辅以味增汤和渍物小酱菜，加上鸡蛋、豆腐或者鱼等蛋白质，还有热茶。清淡是日式早餐的一大特色，使用木鱼花和昆布熬制的汤底煮出的味增汤味道鲜甜，熏烤出的秋刀鱼、煎制的玉子烧蛋卷、腌渍的酱菜（如海带、黄瓜、梅子

等），再配上清淡的煮物，吃了这种清爽的早餐，会让人一整天都保持清清爽爽的状态。值得一提的是，日式早餐中的生鸡蛋饭。新鲜的生鸡蛋加入刚刚出锅的白米饭，配酱油拌饭食用，口感爽滑鲜甜，味道很独特。除此之外，纳豆也是日式早餐中的常见物。纳豆是日本常见的发酵食物，具有溶解体内纤维蛋白及调节生理机能等保健作用。

缅甸

OO 推荐：

› 米粉、奶茶

缅甸位于东南亚，早餐口味与中国西南城市的一些传统早餐很相似。比较有特色的煮米粉，很像云南腾冲的饵丝。汤是猪骨头熬制的，配上猪肉末和碎花生，放一些香菜、洋葱和细豆芽，看起来难得的清爽。除了米粉之外，还可以尝试一下缅甸奶茶，味道和印度拉茶很像，但比印度拉茶奶香重了很多。早上来一杯浓郁的缅甸奶茶唤醒自己的味蕾，也是一件很幸福的事。

INFORMAL 午 TALKS

埃及

穆小龙推荐：

› 锦葵汤、烤鸽子

传统美食为你带来美好的一天。

埃及的历史悠久绵长，充满了神秘色彩，味道浓郁的锦葵汤就是埃及当地家喻户晓的一种美食。锦葵汤是一道用盛产于尼罗河两岸的锦葵，加上鸡肉、大蒜一起炖制而成的汤，浓绿黏稠，味道鲜美，经常被埃及人淋在米饭上食用。另外

一种当地的特色美食就是烤鸽子。这种烤鸽子不如鸡肉和羊肉那样常见，一般只在传统餐馆中才有销售。埃及的肉鸽比欧洲要小，和中国的童子鸡差不多大。烤鸽子里面通常填满了绿麦和米饭，鸽子肉薄，很好入味，且烤出来的鸽子肉肥瘦适度，酥脆可口，味道甚为特别。

伊朗

华波波推荐：

› 手抓饭

伊斯兰国家伊朗，在听到名字的时候，就能感觉到浓浓的宗教气息，但这个伊斯兰国家的美食却有着自己独特的色彩。伊朗有一道很著名的美食，这道美食几乎在很多伊斯兰地区都能见到，就是手抓饭。伊朗的手抓饭和中国新疆地区的手抓饭大致相同，土豆、洋葱、胡萝卜、葡萄干这几样与新鲜羊肉搭配，与米饭共同烹制，再佐以藏红花，使之颜色鲜艳、味道丰富，是待客的首选。伊朗还有一种主食十分有名，就是伊朗糍粑。这种伊朗糍粑是用加了藏红花煮成的金黄色米饭做的，中间夹着丰富的乳酪，在底部烤出一层焦香四溢的锅巴，这样的伊朗糍粑无论是品相还是味道，都十分诱人。

阿根廷

帅波波推荐：

› 阿根廷烤肉、帕纳达斯饼

南美洲国家阿根廷的美食和阿根廷人一样热情奔放，阿根廷人喜食肉类食物，烤肉就是阿根廷的一大特色美食。阿根廷是全世界食用牛肉最多的地方，平均每年每人要吃 70 千克的牛肉。阿根廷烤肉极具当地特色，其中有一种常见的烤肉形式，西班牙语称为“Asado”。这种烤肉一般包括牛肉、内脏以及香肠等，将肉用铁板在炭火上烤制成熟，装上满满一大盘，叉起一块放进嘴里，肉嫩、多汁、有弹性，而且每一口的口感都不同。阿根廷还有一种街头小吃叫作帕纳达斯饼，这种饼有些类似馅饼的做法，将肉、鸡蛋、甜玉米等混合在一起，包入面皮当中进行烤制，出炉后趁热咬上一口，酥脆的外皮和多汁的肉馅融合出丰富的口感，满足了味蕾的全部需求。

INFORMAL 午 TALKS

印度

天乐推荐：

> 黄油鸡肉、印度薄饼

人口密集的印度拥有相当多的美食，不同种类的咖喱则成为了当地美食的代表，其中最有代表性的一道咖喱美食叫作黄油鸡肉。这道菜是由先腌后烤的鸡肉、马沙拉、浓郁的腰果酱和鲜奶油一起熬制而成的，味道甜辣中带一点酸，是印度北部一道传统的咖喱美食。在印度，

除了米饭之外，另一道家常主食就是印度薄饼。将小麦粉与盐和水混合之后，无需发酵，直接加热成饼，配上味道浓郁的黄油鸡肉，真是人间一绝。

INFORMAL 午 TALKS

马来西亚

吕锐推荐：

› 椰浆饭、扁担饭

作为东南亚国家的马来西亚，主要人口由马来人、华人以及印度人组成。三大民族在饮食上都有自己的特色，从而形成了马来西亚独特的美食风味。在马来西亚有一道家喻户晓的美食，叫作椰浆饭（马来语：Nasi Lemak）。椰浆饭味道具有浓郁的马来西亚当地特色，价格也很便宜。将黄瓜、香脆炒江鱼仔、三巴辣椒酱、鸡蛋和咖哩鸡肉包在蕉叶片中食用，散发着

浓郁椰香味的椰浆饭，可以唤醒你所有的味蕾。而另外一种颇具人气的食品叫作扁担饭，马来语称为“Nasi Kandar”。在马来语中，“Nasi”是“饭”的意思，“Kandar”则是“扁担”的意思。这种饭在旧时的槟城，是印度回教徒热衷的饭食，因其将米饭和各种咖喱吊在扁担的两端出售的独特售卖形式而得名。充满南洋风味的咖喱加入椰浆熬制，配上鸡肉或是鱼肉等，再加上爽口的蔬菜，辛辣中带着鲜甜，十分美味。

INFORMAL 晚 TALKS

西班牙

功必扬推荐：

> 西班牙海鲜饭、烤乳猪

位于欧洲西南部的西班牙风景优美，气候宜人，是著名的旅游国家，西班牙美食在欧洲也享有盛名。西餐三大名菜之一的西班牙海鲜饭可作为西班牙美食的首选，这种海鲜饭不仅卖相绝佳，味道也十分令人垂涎。名贵的藏红花与白米饭融合成黄澄澄的诱人颜色，再搭配上各色海鲜，佐以独特的配料，使这道美食充满了西班牙独特的色彩。在西班牙的塞戈维亚，必吃的美食就是烤乳猪。这道菜源自西班牙中部，尝起来皮软而具有韧劲，肉质滑嫩多汁，口感令人回味。将整只猪仔用牛油、迷迭香、蒜蓉涂抹好之后，入炉烤上 90 分钟，期间要不断地添加胡椒粉，还要淋入葡萄酒。制作完成后，入口即化，还有淡淡的香草味。

法国

阮奕信推荐：

› 勃艮第红酒炖牛肉、马卡龙

提起法国，人们更多想到的是香榭丽舍大道的落叶，或是巴黎铁塔的宏伟，但法国美食也是不容忽视的法国特色之一。除了蜗牛、鹅肝以及鱼子酱之外，法式经典的勃

艮第红酒炖牛肉也是一道享誉世界的名菜。精选的牛肉，配上颜色丰富的蔬菜，用勃艮第红酒和高汤焖煮过后，再入烤箱烤制，出锅时温暖而诱人的香味像上帝之手撩拨你的味蕾。喜爱甜食的朋友绝对不能错过甜点马卡龙。蛋白、杏仁粉、白砂糖和糖霜在高温中融合，颜色清新、味道香甜的马卡龙便出炉了。它们的样子小巧精致，配合茶品，闲聊时食用，真是再好不过的选择。

晚

泰国

天乐推荐：

› 冬阴功、泰式炒面

美丽的东南亚国家泰国因为其优越的地理位置，不但风景优美，而且物产丰富。泰国美食一直保持着它独有的当地风格，也因此在世界各地站稳了脚跟。冬阴功是泰国

一道富有特色的酸辣口味汤品，“冬阴”是酸辣的意思，“功”是虾的意思，翻译过来其实就是酸辣虾汤。冬阴功作为泰国美食的代表，受到了全世界各国人民的喜爱。除了冬阴功之外，泰式炒面也是极富盛名的当地美食之一。炒得软嫩的洋葱搭配鸡蛋，与劲道可口的泰国面条相遇，佐以鱼露、砂糖、花生碎和辣椒粉，再配上脆嫩的豆芽，一盘色香味俱全的泰式炒面就出锅了。挤一点柠檬汁在面上，浓浓的泰式风味会让你食欲大开。

INFORMAL 晚 TALKS

日本

YOYO 推荐：

› 大阪烧、大阪炸串

日本人的饮食习惯多数以清淡为主，味甘甜，并且喜欢食物本身原始的味道。日本虽然是个岛国，但美食遍地都是。作为日本关西民间食物代表的大阪烧，以简单的制作流程和丰富的口感，深受日本大众的热爱。面粉搭配爽口的洋白菜，搅拌成糊状并摊制成饼，再加上培根、鲜虾、扇贝等食材，煎至两面金黄，出锅后涂抹上烧烤酱汁和沙拉酱，撒上木鱼花，味道丰富的

大阪烧就做好了。另外一种有着“庶民美食”之称的，就是大阪炸串。将肉或者海鲜、蔬菜等切成一口大小后，再用竹签串起来，裹上面衣后油炸，看似简单的操作，味道却是极其鲜美的。配上鲜甜的酱油食用，一口下去满嘴香气四溢，是朋友聚会必不可少的美食。

晚

意大利

钟逸伦 / 帅波波推荐：

> 意式千层面、饺子

意大利作为欧洲极富盛名的旅游国家，每年都吸引着世界各地成千上万的游客前往。意大利的美食除了意大利面和披萨饼之外，还有很多其他具有当地特色的美食，比如意式千层面（英语：Lasagna）。意式千层面是用多张宽如手帕的大面皮叠起来，内层夹上多种乳酪及肉酱，经焗制调味而成的。用刀切开之后，浓郁的乳酪和肉酱香气弥漫在空气中，一口咬下去，酱料搭配食材的鲜美融于口中，真的令人难忘。饺子作为中国美食的代表被大众所熟悉。在意大利也有一种属于当地的饺子，意大利人称为“Ravioli”。这是

一种传统的意大利面食，将面皮做成袋状，然后将肉类或蔬菜包起来，再放入热水中煮。意大利饺子通常都是正方形的，像一个扁平的枕头。也有些会被制成圆形、窄卷条状或阔圆环状。小巧的意大利饺子吃起来口感有点儿像意大利的贝壳面，面粉被水煮过后带着粮食的香气，是一种常见的意大利美食。

INFORMAL 晚 TALKS

土耳其

唐小强推荐：

> 旋转烤肉、卡帕多奇亚瓦罐牛肉

横跨欧亚两洲的土耳其，被称为连接欧亚的十字路口，悠久的历史文化为这个国家增添了许多神秘色彩和异域风情。土耳其美食多数以肉类为主，加入丰富的辛香料烧烤，肉质汁水四溢，口感极佳。网红“撒盐哥”就是土耳其当地牛排馆的大厨。土耳其旋转烤肉在中国的流行程度并不亚于其他国家的美食，在旋转烤架上烤得滋滋冒油的烤肉，配上蔬菜和各式酱料，用饼卷起来食用，简单且味道丰富。卡帕多奇亚瓦罐牛肉，样子看起来很别致，炖煮得软嫩鲜香的牛肉配上蘑菇、番茄等蔬菜，在小小的瓦罐中等待着食客的享用，也是土耳其美食中的一大特色。

小番外：

各国代表最喜欢的中国食物是什么？

小贝： 我特别喜欢干丝，扬州的那种煮干丝。其实我觉得，淮扬菜很好吃。我在扬州吃的东西，都没有遇到过难吃的。也因为我常年都在上海，所以杭帮菜我也觉得味道很好。也会有很多北方人觉得杭帮菜不好吃，因为可能会太甜，但是我很喜欢那种酸酸甜甜的味道，而且菜品都很精致，很有情调。鱼香茄子也不错，酸甜可口的菜味道都比较保险，也不复杂，味道上很可靠。我发现我很喜欢吃汤面，搬来北京之后觉得汤面很难找。我去兰州的时候，觉得兰州拉面很好吃，我特别喜欢。重口味的食物我也可以接受，但是不是最喜欢吃的。例如，海底捞我很喜欢，但是我觉得吃海底捞就是形式感的东西比较多，大家在一起的氛围很好。

华波波： 我最喜欢西红柿炒鸡蛋、河南拉面和山东饺子。西红柿炒鸡蛋中国的做法和伊朗的做法不太一样。伊朗是先把西红柿炒出很多水分，等水分差不多蒸发完再放鸡蛋，然后再放胡椒之类的调味料。中国西红柿炒鸡蛋的做法中，西红柿并没有被炒得很烂，还是有西红柿的样子，也并不是完全炒熟，而且是先炒鸡蛋，再放西红柿。从味道上来说，中国的西红柿炒鸡蛋甜甜的。我刚来中国时不太会点菜，第一次吃到这道菜的时候就觉得和伊朗的有些像，但中国的味道更好。很多的伊朗人刚来到中国的时候不是那么喜欢中国菜，但西红柿炒鸡蛋和伊朗的口味很像，所以比较容易接受。还有，河南拉面的汤很好喝，首先因为它是清真的，而且有了香菜和牛肉，更突出了这个拉面的味道。因为伊朗没有面条，所以物以稀为贵。上海有一家河南拉面，我几乎带所有的朋友都去吃过，特别是冬天的时候喝那个汤，特别的香。

/**帅波波：**我喜欢的第一种中国食物应该是广西的螺蛳粉，我第一次闻到那个味道就爱上了。第二种是我前段时间去成都吃的脑花面，面会吸收脑花的汁，特别好吃。第三种就是北京的卤煮。我在阿根廷的时候觉得黑椒已经很辣了，但是我来到中国之后发现，有这么多不同口味的辣，然后在中国慢慢习惯了这些重口味的食物，我觉得螺蛳粉的味道和内脏有很丰富的口感，很适合我的口味。

/**功必扬：**我喜欢火锅，这是肯定的，我很喜欢大家在一起吃火锅时的气氛。然后是面食，带汤的面食我很喜欢，我每到一个地方，如果那个地方有面食的话，我是肯定要去尝试的。比如，我在武汉时就会去吃热干面；到上海的话，就会去吃河南拉面，那家的拉面真的很好吃。再就是地三鲜啦，这是我学会的第一道中国菜，也是我的拿手好菜！

罗狮杰：我最喜欢的中国食物，第一是我未婚妻的妈妈做的红烧肉；第二是峨眉酒家的宫保鸡丁；第三就是饺子啦，尤其是我未婚妻的妈妈做的饺子，她包的饺子超级好吃。

唐小强：我喜欢的中国食物有很多。第一是兰州拉面，因为我特别喜欢拉面；第二是四川火锅，因为口味比较重；第三是在西安回民街上的小吃，因为是清真的，而且我很喜欢麻辣味道，那种很咸很香的口味，比如大盘鸡。我在土耳其的两三个月里，真的很想念中国菜。还有回民街早上会卖的肉丸胡辣汤，里面有很多菜，浓浓的。我的中国朋友跟我说，很多外国人都喝不惯，但我一喝就觉得很好喝。还有厦门的鸭肉粥，就在鼓浪屿轮渡对面，那里有一家大同鸭肉粥，店铺是一家很小的馆子，吃的时候可以放酱油，也可以放醋，配着油条一起吃，简直太美味了。

钱多多：我很喜欢吃锅包肉，因为刚到中国的时候我住在哈尔滨，而锅包肉是哈尔滨的名菜。当然也是因为我中文不好，看不懂菜单，大多数时候其实都是看菜单上的图片点菜，基本上就是看哪个顺眼就点哪个。我还喜欢西红柿牛腩，同样是因为看图片点菜，也因为西红柿牛腩可以配饭，感觉很简单。我回到尼日利亚之后给家里人做过这道西红柿牛腩，我的太太很喜欢吃，因为她来过中国，知道这道菜味道很好。但刚开始，还是有很多尼日利亚的朋友不太敢吃，不过他们在尝过之后都说好。饺子也是我很喜欢的食物之一。我最喜欢玉米馅的饺子，当然有肉更好，不过只要有玉米就已经很好了。只可惜我不会包饺子，觉得很难，工序太复杂了，学了很多次还是包不好。

左右：我喜欢煎饼果子、火锅和烤冷面，因为这些食物可以根据自己的口味来选择，这一点我很喜欢。

吕锐：我喜欢火锅和西红柿炒蛋，火锅是每次到北京都会去吃的，而西红柿炒蛋是因为在马来西亚也有类似的食物，就是马来西亚的经济饭。这种饭会提前准备好各种菜品，然后自选，类似中国的快餐。虽然在中国，这道菜的做法会和马来西亚有些许的差别，但是这道菜会让我感到家的味道，有了家的味道，便不觉得自己身在远方。

穆小龙：我比较喜欢西北那边的食物，因为比较接近我的口味。比如说，那些烤肉类的东西、火锅，还有新疆的烤馕、烤包子，类似于熏烤类的食物我都很喜欢。

一之濑：我喜欢焦焦脆脆的锅巴，还有鸭血、牛肚、猪血等可以放到麻辣烫里的食物。

/ 钟逸伦：我喜欢吃火锅，比如海底捞。但是功必扬才是海底捞之王，他去的次数比我多。还有，麻婆豆腐、小笼包、饺子、北京烤鸭我都很喜欢。我来中国之前只知道北京烤鸭是一道菜，但并不知道它的吃法很复杂，来到中国后第一次吃，才知道它居然是一道吃起来很烦琐的美食，要把鸭肉放到面饼上，再放菜和酱卷起来。我18 岁的暑假在中国香港住了两三个月，20 岁才来到中国内地，所以也很喜欢中国香港的点心，类似饮茶时吃的虾饺、肠粉之类的。

日本

一之濑推荐：

› 三溪园

三溪园是位于日本横滨，占地面积约 175000 平方米的纯日式传统庭院公园，是由日本富商原三溪于 1904 年创建的。三溪园内有多处具有珍贵历史价值的建筑，如御门、临春阁等，都是日本重要的文化遗产。每年的春季樱花盛开之时，这里也是横滨最主要的赏樱场所之一。除了赏樱之外，这里还是日本人最爱拍结婚照的地方，有很多恋人会选择在这里举行婚礼。

› 新宿御苑

新宿御苑是东京最大的日式庭园和法式庭园相结合的公园，横跨东京都新宿区与涩谷区，面积约 58 万平方米。该园原是德川家康进入江户城时授予家臣内藤清成的，其后成为宫内厅管理的庭园，现在则属环境省管辖的国民公园。值得一提的是，早在二月之时，新宿御苑的寒樱就已经渐渐绽放，到了三四月，园中有几十种樱花依次盛开，给人带来美的享受。该园也是电影《言叶之庭》的取景地，因此也有许多喜爱这部电影的观众慕名而来。

春

意大利

米可推荐：

> 威尼斯

威尼斯是意大利东北部著名的旅游与工业城市，也是威尼托地区的首府。威尼斯曾经是威尼斯共和国的中心，被称作“亚得里亚海明珠”。威尼斯堪称世界最浪漫的城市之一。这座水上城市由 118 座小岛、117 条水道、401 座桥梁构成，以舟相通。威尼斯的水承载着这座城市的柔情和浪漫，而水上的桥见证了城市的兴衰与历史。春季是最舒服的季节，温度适中，气候宜人。每年的二月中下旬是威尼斯一年一度的狂欢节，人们头戴风情面具，身着传统服饰上街狂欢，气氛热闹。

> 布拉诺

布拉诺是威尼斯所辖下的一个小岛，岛上居民都是渔民的后代。当地的手工蕾丝和抽纱制品，与穆拉诺岛的彩绘玻璃一样，都是威尼斯的特色手工艺品。除了蕾

丝手工艺品之外，布拉诺的彩色房子也是这个小岛的一大特色亮点。这些多彩的房子像是落在地上的彩虹，让人看着舒心愉悦，水中的彩色倒影让布拉诺如同一个童话版的威尼斯，它比威尼斯本岛更简单，更安详，也更快乐。

VE 8792
1
VE 8796

HOTEL
GONDOLA

INFORMAL 春 TALKS

美国

钟逸伦推荐：

› 夏威夷的“N ā Mokulua”

“N ā Mokulua” 在夏威夷语中是“两座岛”的意思，它们坐落在夏威夷群岛中的瓦胡岛迎风海岸外，距离夏威夷凯卢阿附近的瓦胡岛约1.2千米，当地人习惯把它们称为“The Mokes”（与“烟雾”谐音）或者“双子岛”。这两座岛因常有人拍摄它们的俯瞰图而十分出名。两座岛中较大的岛屿被称为“Moku Nui”，较小的那座被称为“Moku Lki”，它们都是夏威夷州海鸟保护区的一部分，所以有很多法规限制。“Moku Lki”岛是禁止游客上岛的，“Moku Nui”岛虽然可以参观，但内部也是禁止游览的。

有许多鸟在岛上的洞穴里筑巢，这些鸟中有很多都是稀有品种。很多虎鲨也会在海边逗留。当地居民会在“Moku Nui”岛两侧的海域冲浪，还可以在这里乘坐皮艇和独木舟游览。

四季篇

INFORMAL 夏 TALKS

土耳其

唐小强推荐：

› 伊斯坦布尔

伊斯坦布尔是世界上唯一一座横跨亚欧大陆的城市，这里既有千年历史的老城街道，也有繁荣漂亮的新城建筑，还有随处可见的清真寺以及繁忙而充满生机的博斯普鲁斯海峡。伊斯坦布尔是拿破仑心中的世界之都，建于公元前7世纪，它作为西方帝国政治经济中心，先后经历了古罗马帝国、拜占庭帝国、奥斯曼帝国。无论历史怎么变幻，这座城市依旧以它最骄傲的姿态展现在世人面前，宣示着它曾经的辉煌与灿烂。伊斯坦布尔最著名的景点有蓝色清真寺、圣索菲亚大教堂、大巴扎等，这里充满着宗教信仰及人文情怀，让每一个来到这座城市的人都流连忘返，感受着这座城市的热情。

> **棉花堡**

如果你看过了各种人文景观，想要换种心情的话，请不要错过棉花堡的云海和日落。棉花堡位于土耳其登尼资里市的北部，是远近闻名的温泉度假胜地。此地不仅有上千年的天然温泉，还有这种古怪的好似棉花一样的山丘。在土耳其语中，“Pamuk”是“棉花”的意思，“Kale”是“城堡”的意思，所以“Pamukkale”就是“棉花堡”。在这里你可以看到不同于其他地方的日落，当红色的晚霞渐渐布满天空并与那雪白的阶梯以及温泉交相辉映时，你不得不赞叹大自然的瑰丽与神奇。棉花堡有着各种各样的温泉，温泉是免费的，但是需要赤脚进入浴场。

南非

宁大人推荐：

› 花园大道

素有“彩虹之国”美誉的南非，是一个人与自然结合得非常完美的地方，这里汇集着不同的人种、不同的文化，狂野也好，优雅也好，来自世界各地旅行的人总能找到适合自己的地方。在这个美丽的国度里，最出名的莫过于花园大道，它是一段滨海的一级

高速公路。伊丽莎白港至开普敦一段，绵延数百千米。花园大道途经之处，不仅有湖泊、山脉、黄金海滩，还有各种悬崖峭壁和茂密的原始森林。无论是观光还是冒险，花园大道都是不错的选择。

法国

阮奕信推荐：

› 安纳西

法国是一个极具浪漫风情的国家，除了时尚之都巴黎和以“薰衣草的故乡”著称的普罗旺斯之外，这个古老的欧洲国家还有许多令人流连忘返的地方，这里介绍的是有着“阿尔卑斯山的阳台”之称的法国小镇安纳西。安纳西是法国阿尔卑斯山区最美丽的小镇，老城的主要街道都在河的两侧，沿河的小街上都是露天咖啡馆、纪念品商店、旅店和餐馆。街道上的许多楼房建造于 12 至 17 世纪，至今仍保存完好。安纳西湖的水由阿尔卑斯山的冰雪融化而成，因此安纳西湖被认为是全欧洲最干净的湖。法国作家雨果曾说：“无论怎么写，我的诗也不如安纳西美。”伟大启蒙思想家卢梭在这里坠入情网，一住就是 12 年，并称“是他人生最快乐最浪漫的 12 年”。在这样美丽如童话般的小镇，忘却烦恼和忧愁是多么美妙的事情。

› 科尔马

看过《哈尔的移动城堡》的朋友，一定不会对这个地方陌生，这里就是科尔马小镇了。科尔马位于法国东北部的阿尔萨斯葡萄酒产区，是上莱茵省首府。它得名于城内一条绵长的运河与船夫徐徐滑动的花船，被称为“法国威尼斯”。科尔马小镇并不算大，一天的光景便可以游览完小镇。但是在这个小镇里，你能看到充满童趣的木筋屋，屋子的阳台上挂满了小镇居民的可爱玩偶。除此之外，城内的运河的河面上也闪烁着这座可爱的童话小屋的倒影，形成一道亮丽的河滨景色。如果有喜欢逛博物馆的朋友，请不要错过这里的科尔马玩具博物馆和巴托尔迪博物馆，它们都是非常值得推荐游览的。

INFORMAL 秋 TALKS

西班牙

功必扬推荐：

› 塞哥维亚

塞哥维亚（西班牙语：Segovia）是西班牙的一座城市，也是卡斯蒂利亚－莱昂自治区塞哥维亚省的省会，位于首都马德里以北，从马德里乘坐高速火车35分钟可达该市。该市人口约55000人，其老城区与水道桥建筑名列联合国世界遗产。

这座城市已经有2000多年的历史，时间没有带走它的繁华，经过岁月的打磨，反而给城市增加了许多不同风格的精致美感。在这里，你既可以看到古罗马时代的遗迹——水道桥，也可以看到哥特式大教堂——塞哥维亚大教堂，还可以看到如童话般的“白雪公主”城堡。这座城市融汇了欧洲不同时期的建筑，相信每一位来到此处的观光者都会不虚此行。

秋

美国

左右推荐：

› 阿巴拉契亚山脉

阿巴拉契亚山脉是北美洲主要的休闲地区之一，全长近 3200 千米。该地区因雨量充沛，植被茂盛，物产丰富。

从弗吉尼亚北部的谢南多厄国家公园至大雾山国家公园的全长 755 千米的非商业性汽车路线，是最受游客欢迎的观光地区。阿巴拉契亚山脉的秋季是欣赏红叶的

最佳时间，大片的红叶覆盖了整个山谷，云雾弥漫，朝霞满天，仿佛整个世界就是一幅美丽的画卷，向世人展示着自然界的绚丽多彩。

INFORMAL 秋 TALKS

伊朗

华波波推荐：

› 伊斯法罕

伊斯法罕是伊朗中部城市、伊斯法罕省的省会。伊斯法罕是伊朗最古老的城市之一，其名源自波斯语“斯帕罕”，意思是“军队”。伊斯法罕建于公元前四五世纪的阿契美尼德王朝时期，多次成为王朝首都，早在16世纪就有“伊斯法罕半天下”的美誉。

这座城市充满了历史底蕴，它曾经是古丝绸之路的南路要站，也是东西方贸易的汇集地。在这里，随处可见曾经辉煌灿烂的古波斯文明的踪影。这里有着伊朗最宏伟瑰丽的清真寺和宫殿。如果有喜欢古文明的朋友千万不要错过这里，伊玛目广场、三十三孔桥、伊玛目清真寺、四十柱宫、阿里加普宫等，各种缤纷绚丽的古建筑会让你感觉自己好像“穿越”到了曾经的波斯古国。

› 卡尚

卡尚是伊朗中部城市，位于扎格罗斯山东麓、面积 50 平方千米的卡尚绿洲中。卡尚为伊朗的陶瓷生产中心，这里生产的地毯也十分著名。这里还有棉纺织业以及刺绣、铜器、香料制造等手工业。

除此之外，卡尚还是驰名国际的伊朗玫瑰水的产地。传说穆斯林先知穆罕默德将他的一滴汗洒落在玫瑰上，此后，这种玫瑰就有着其他玫瑰所没有的香气。而卡尚玫瑰正是先知所钟爱的玫瑰品种。当然，来卡尚游玩千万不能错过苏丹浴场。这是一座拥有 500 多年历史的浴室。浴室内部装饰非常精致，穹顶花纹极为复杂。浴室楼顶上还有一个个十分有特色的半球状突起，被游客称为“太空球”。

INFORMAL 冬 TALKS

马来西亚

吕锐推荐：

> 槟城

槟城是马来西亚第二大城市，以盛产槟榔而得名。在当年郑和下西洋的航海图中，这里就叫槟榔屿，这是在中国以外唯一的 600 年来仍然沿用航海图上中文名称的地方，可见这里跟中国的渊源有多深了。于 2008 年被联合国教科文组织列为世界文化遗产的槟城，凭着色彩斑斓的多元文化，享誉国际的特色美食及中西合璧的历史建筑，成为了世界各地

游客接踵而至的度假天堂。特殊的地理环境造就了槟城独特的南洋风情，怀旧的街道满是各种各样充满情怀的绘画，所以这里也被评为“全球十大自拍城市”第十名。槟城也是《夏日么么茶》《色·戒》《初恋红豆冰》《安娜与国王》《单恋双城》《夜明》等影视剧的取景地。还有，来到槟城千万不要想着减肥，因为在这里有着各式各样的美食，请做好成为大胃王的准备哟！

ROONEY
10

社旅海
WAN HAI HOTEL
TELEKOM
Payphones
Sina Tech
ANTARABANGSA
DAN DOMESTIK
International And Domestic Call Centre

冬 INFORMAL TALKS

泰国

天乐推荐：

› 苏梅岛

苏梅岛是泰国第三大岛，“椰子岛”是苏梅岛的别称。因为小岛上有数以万计的椰子树，一度是岛上重要的经济来源，所以来到苏梅岛一定不能错过小岛上的椰子汁。除了椰子汁外，直接用椰子壳盛装的椰子冰激凌，也是小岛上的网红美食之一。在泰国，苏梅岛就如同天堂一般的存在，最佳旅行时间是 11 月到第二年的 4 月中旬。不过请注意，虽然这个时间天气凉爽，但因为是雨季，所以参加一些海上活动时，也要注意安全。苏梅岛还是一

个很浪漫的岛屿，适合去度蜜月。苏梅岛有一个海滩，海滩上有两块石头，一块叫阿公石，另一块叫阿母石。相传阿公石和阿母石背后有一个感人故事：在海边住着一对老夫妇，老夫妇的儿子喜欢上海的对岸的一名女子。他在跨海提亲时，遭遇海难，漂流到一个海滩，也就是现在的拉迈海滩。因为受了重伤，所以男子无法向那名女子提亲。但是他的父母，看见心爱的儿子无法与心爱的人顺利结婚，便向神明祈求。因为他们夫妻的诚心感动了神明，他们的儿子与心爱的人顺利结婚，但是那对老夫妇就变成了两块石头。因为这个浪漫的故事，所以这里是很多情侣前来度蜜月的地方。

INFORMAL 冬 TALKS

日本

YOYO推荐：

> 大阪

大阪位于日本关西地区，是大部分关西旅行线路的重要一站，也是出入境城市。东京和大阪常被形容为日本的“北京”和“上海”，其繁华程度可想而知。大阪城是大阪最著名的景点之一，与名古屋城、熊本城并称为“日本历史三名城”。大阪既有繁华都市的城市景点，如潮人圣地心斋桥、通天阁铁塔、环球影城等，也有日本传统风情的存在，如天守阁、大阪城堡、四天王寺等，可以说是宜古宜今，令人流连忘返。在冬季，温泉和美食可以说是这座城市最亮眼的特色。大阪被称为“天下厨房”，除了关西本地美食以外，这

里还汇集了来自全世界各地的美食。如果你是个“吃货”，可不要错过大阪最著名的美食长廊——道顿堀，因为在这里你可以感受到“美食就是力量”。吃到开心之后，也可以选择去泡温泉。不过要提醒大家的是，在日本，如果身体上有文身，是无法去泡大多数公共温泉的，请各位注意哟！

INFORMAL TALKS 冬

埃及

穆小龙推荐：

> 卢克索

卢克索是一座埃及古城，古称底比斯，位于南部尼罗河东岸，被誉为地球上“最大的露天博物馆”。这里遍布着令人敬畏的古文明遗迹。古埃及的国王们在这里用沙岩和花岗岩建成了让人眼花缭乱的神庙、陵墓和宫殿等众多不朽的建筑，但由于历经兵乱，这些建筑多已破坏湮没。现在保存较完好的是著名的卢克索神庙，其中尤以卡尔纳克神庙保存最完整，规模最大。该建筑物修建于 4000 多年前，完成于新王朝的拉姆西斯二世和拉姆西斯三世。经过历代修缮扩建，今占地达 33 万平方米。

卢克索因尼罗河从中穿过而被分为东、西两岸。由于古埃及人认为人的生命同太阳一样，自东方升起，西方落下，因而河的东岸是壮丽的神庙和充满活力的居民区，河的西岸则是法老、王后和贵族的陵墓。“生者之城”与“死者之城”隔河相望，形成两个世界的永恒循环的圆圈。

小番外：

各国代表最难忘的一次旅行

阮奕信：我最难忘的一次旅行是我和女朋友曾经一起去马尔代夫潜水。马尔代夫的风景很美，我在不同的国家潜过水，但在这么多国家里，马尔代夫的景色真的很漂亮，风景像天堂一样。那时候，我们是住在船上的，每天大部分的时候都在潜水。这次旅行，我们很幸运地看到了鲸鲨，要知道在海上能看到鲸鲨并不是一件很稀松平常的事情。鲸鲨很大却很安静，能够看到鲸鲨是一种很不可思议的经历。我想起有件事挺有趣，就是在我们潜水的时候，在海里，我女朋友的头发被五颜六色的海藻缠住，我们两个什么都没做就一直在海里弄那些缠在她头发上的海藻，我觉得这件事还挺好玩的。

宁大人：之前，我回过一趟南非，我和我爸爸开车走了一条路，那条路的名字叫“花园大道”。“花园大道”从我的家乡伊丽莎白港到开普敦，有700多千米。它并不是建在高架桥上的那种高速公路，而是沿海边的一条公路，算是非洲最美的一条路了，因为左边是大海，右边是山脉。我和我爸爸大概开了四天的时间，路过一个城市，我们就会在那里住一晚上，第二天继续我们的旅程。这次旅行对我来说很难忘，因为这也算是我跟我爸爸最后一次旅行。沿途风景很美，美食也很多，人却很少。别人也许觉得这条路没什么了不起的，但对于我来说，因为是和我爸爸在一起，所以很重要。那时候我跟我爸爸很久都没有一起旅行了，正巧赶上我爸爸有事要去开普敦，我就提议不要坐飞机，我们开车去，所以最后就变成了一次二人旅行。这次旅行真的特别有趣，非常难忘。

/ 天乐：我想让我难忘的旅行应该是在加拿大的魁北克市。我从小是在泰国长大的，因为泰国是热带国家，一年四季都很热，所以我从来都没有见过雪。与泰国不同的是，这里很冷，有很多白雪，对我来说，这次旅行真的是我人生中从未有过的体验。而且，这次是我和我的新爸爸、妈妈以及姐姐一起在这里旅行，我们住的酒店以前是皇家的城堡，特别漂亮，我很开心。而且，这里的人都很友好，给人很温暖的感觉。假如我将来结婚了，我会带我爱的人来这里度蜜月。不过这次我和姐姐一起在江边拍照的时候被妈妈骂惨了，因为江边有很多浮冰，站在那里拍照很危险，妈妈提醒得对。

米可：我最难忘的旅行应该我上高中的时候在圣诞节去见我初恋的那一次。我初恋女朋友是瑞典人，我们是在学校和瑞典的学校组织交换生活动上认识的。活动让学生们互相体验对方国家的生活。当时，我被安排在一个瑞典女生的家里，但是当我要从她家离开回自己家的时候，我发现我们之间的感情发生了变化，在和她相处的日子里，我觉得我们的想法都很一致，所以我们开始了一段美好的异地恋。因为太过思念她，我选择在圣诞节的时候去瑞典找她，这个想法遭到了我家人的反对。第一个原因是，我从来没有独自出过远门，他们很担心。第二个原因是，圣诞节对我们家来说是一个很重要的节日，是家人团聚的日子，我从来没有在圣诞节这天离开过家。但是我的妈妈看到我思念女友的样子，便对我说，既然这么想念她，就去找她吧。妈妈不想看到我在圣诞节那天变得闷闷不乐。因为我当时还是学生没有什么钱，机票还是阿姨帮我买的。我以为我可以顺利去看女友，但是没想到的是，我到机场之后接到的却是航班因为天气原因被取消了，那时候感到好沮丧，大哭了一场，我女友也哭了。不过之后，航空公司通知我说给我两个选择，一是退款给我，二是改签别的飞机。我想还是应该尝试一下，有缘分的话应该还能见到女友。所以我改签了别的飞机，飞机正常起飞，我想之后的行程应该是顺利的，但没想到的是，我到巴黎转机的时候，却没有赶上联程的飞机，那时候已经是 12 月 24 日了。无奈之下我只好在巴黎待了一天，坐第二天的飞机到了瑞典。我见到了我喜欢的人，这对于我来说已经是最好的圣诞礼物了。第一次和她的家人一起过圣诞节，还有就是，我第一次见到雪，因为我的家乡西西里岛很少下雪。我在瑞典看到了雪，还参加了当地的活动，因为我从来没有玩过滑雪，过程非常糟糕，但是无论过程有多么糟糕，对我而言都是一次难忘的旅行，在这个旅程里有很多很多的“第一次”，我想我一辈子都无法忘记这次旅行。

左右：我最难忘的旅行是我第一次去埃及的时候。因为我和我的好朋友穆小龙认识三年多了，在这期间我从他那里听到了很多关于这个古老文明国度的故事，对那里我充满了好奇。在学校的时候，我也学到很多埃及的知识，如法老、木乃伊等。这些曾经只是出现在书本上的东西，现在以它们本来的面貌展现在我的面前，我觉得很震撼。而且，这里是我好朋友的家乡，来到这里让我更加了解了他。他的家人和朋友都很友善，他们都很热情地来欢迎我，所以我觉得这是一次很难忘的旅行。

小贝：难忘的旅行有很多。个人方面的话，比如，我二十一岁生日的时候，去了一个相当于是环球的旅行。很好玩，因为我去了很多之前没去过、一直很向往的地方。比如，我第一次去伦敦，第一次好好地去参观纽约，因为这两座城市也是我很喜欢的城市，很想去发展的城市，当我双脚踏上这两座城市的土地时，我感觉很有成就感，很开心。我二十四岁的生日，正好赶上端午节，有四天的假期，我和扬扬还有他的几个朋友去了韩国。我感觉很愉快，因为整个旅程我们都没有争吵，也没有闹矛盾。我其实并不是很在意生日这种事情，我们当时到韩国的时候已经很晚了，于是就出去喝了些酒，吃了些夜宵。朋友们给我准备了蛋糕和惊喜，我感觉特别美好，特别开心。

/ **功必扬：**如果是跟节目里的代表一起旅行的话，就是我们上次的马来西亚之旅。就我个人而言，最难忘的应该是我去欧洲旅行的时候。在观光过欧洲那么多国家之后，我还是觉得西班牙是最让人感到舒服的一个国家，无论是风土还是人情。在西班牙，大家都很守规矩，交通设施很全面，无论去哪里都很方便，而且西班牙的物价也很适中。

吕锐：我最难忘的旅行应该是 2018 年夏天的时候，我和好朋友一起参加了一个四天三夜的潜水旅行，我们住在普通的渔船上。其实一开始我是拒绝的，因为我是处女座，对于周围的环境要求很高，在船上需要和别人共用各种设施，对于我来说是一种“挑战”。但是我的朋友跟我讲，在这样繁忙的生活中能有这样一起旅行的机会并不容易，所以我接受了他的提议。即使这次旅行途中会遇到种种不尽如人意的情况。比如，潜水回来不能及时洗澡，因为水是整艘船的人在共用，要和朋友两个人一起住在拥挤的房间里，期间还闹了一些笑话。可对我来说，也是很珍贵的回忆。我还记得我们一起在船上的夜晚，两个人坐在船头吹着海风，说着自己的过往和对未来的打算。现在的我们都不再是少年那样无拘无束的年纪，我们要承担的东西更多了，大家都在各自忙碌，为了生活在拼搏。所以，能有这样一次交心的机会让我觉得很感动。还有就是我们要去潜水，潜水这项活动是不可以单独一个人下水的，必须有同伴一起才可以，而我的同伴就是我这位好朋友。因为在海里一切危险都有可能发生，所以潜水的时候有一个信任的同伴一起，可以说是生命的双重保险。我们一起潜水进海里，一起去看海底的各色风景，这一刻是我和他人生记忆里独一无二的存在。

YOYO：我第一个想到的是我六岁的时候跟家里人一去美国，这是我最难忘的一次旅行。因为我到了美国一直在睡觉，倒时差。大家白天跟着团一起去观光，我就在大巴车上睡觉，基本上什么也没参与。我在美国待了大概七天，但是时差一直没倒过来，所以基本上什么活动都没有参与。回到日本，我看了我家人拍的照片之后，发现他们拍照的那些地方我都没有见过。明明我是跟着大家一起去旅行的，但是我只能通过照片来回忆和感受这些景点。

穆小龙：难忘的旅行其实有很多，比较难忘的是有一次我去海南出差，做一个关于“中国脱贫政策”的报道。大家对海南的印象都是海南风景优美，水清沙白。大家都是去海边避暑，但是我们的工作是要采访有关脱贫的事情，所以我们去了最小的农村，看看那里的人是怎么通过努力改善自己的生活的。所以，我并没有接触到那些美景，这也不是一个悠闲的假期，但是很有意义，这个经历让我觉得还是很难忘的。

Chapter Three

和“非正”一起看这世界的不同

INFORMAL TALKS

打破文化次元壁，感知世界的不同。

各国的特色节日

/ **功必扬：** 阿根廷的狂欢节拉丁文叫“Carne vale”，“Carne vale”翻译成中文的意思是“可以吃肉的”。那为什么说狂欢节是“可以吃肉的”节日呢？因为复活节前四十天是大斋期，不能吃牛肉、猪肉和鸡肉，但是海鲜和鱼都可以吃。在进入大斋期的前三天，会开始狂欢节，连续一个月都会有舞会和宴会，每个周末都会有狂欢节的游行。人们会载歌载舞，庆祝狂欢节。在狂欢节游行中跳舞的人，是不可以停下来的，要一直跳，这是规定。如果有人违反，会罚款。当然各地的规则是不一样的。

钱多多： 那我可受不了，我很容易饿。如果让我不停地跳舞。我饿了怎么办？

会长： 那你就应该去俄国看一看了。

卷弗： 在俄罗斯，我们有一个节日叫“谢肉节”，同样也是在大斋期之前的一周。谢肉节的时候，家家户户都要疯狂吃肉，疯狂地进行各种游戏。大家还会吃俄罗斯当地一种非常有特色、非常好吃的俄罗斯薄饼。

OO： 大家应该都知道，在泰国那边有一个泼水节，缅甸其实和泰国很像，但是我们的泼水节比泰国的泼水节还要隆重。

金韩一： 这里我有一个故事，因为我以前是在华侨大学读书，华侨大学的泉州校区是缅甸人的地方。我们当时坐校车去泉州校区，下车的时候全都傻了——泉州校区有一个同学拿着消防栓直接开始喷水，第一个下车的同学被冲回了车里，非常夸张。

OO： 从传统来说，泼水节就是过新年。缅甸的新年在 4 月 13 日到 16 日，可以过四天。泼水节的意思就是，一定要把去年不好的事情全部都洗掉，洗干净。缅甸的泼水节，在以前还是挺有礼貌的，会用一根树杈，蘸着水，一点点地洒。现在就完全不会顾及那么多，会把水放在气球里，里面放很多冰块，然后直接丢。

思思吐槽： 我知道啦，如果现在你有了女朋友，想要知道她漂不漂亮，就去缅甸过新年，可以泼卸妆水。

OO： 田原皓去缅甸的时候没有参加泼

水节，所以我今天要帮他纪念一下。（穿着缅甸的传统服饰和田原皓一起跳了缅甸的传统舞蹈）

会长吐槽：你们知道吗？OO 来我们节目面试的时候只提了一个要求，就是不唱歌不跳舞。

OO：来了之后，我做的最多的事就是唱歌和跳舞，脸都丢光了。

田原皓：英国的这个节日，可能很少有人知道，世界上其实有少数的几个国家是没有国庆日的，英国就包括在其中。在英国是没有国庆日的，也没有独立日。

会长吐槽：很多国家的独立日都是因为英国才有的。

田原皓：我们没有国庆日，但最接近国庆日的节日应该是官方的女王生日。为什么叫官方生日呢？是因为女王本来的生日在 4 月，但是 4 月不在夏天，天气不怎么好，所以官方生日改到了 6 月女王生日天气不好、下雨什么的都不行。还有一个节日叫圣帕特里克节。帕特里克是爱尔兰的守护神，所以在节日当天，不管在美国还是澳大利亚，爱尔兰裔的人都会穿上绿色的衣服，喝很多啤酒。其实，很多人来参加这个节日，都是为了喝醉。

会长点评：其实我之所以很喜欢一些外国的节日就是因为人们可以打扮，一旦可以盛装出席的时候，我就会觉得很有趣。

奥利：南非有一个在正月里过的节日，这个节日前，大家会用一个月的时间来留一个大胡子。这个胡子其实是为了号召大家关注男性前列腺癌症。大家会从 11 月 1 日就开始留胡子，到月底的时候，南非所有比较有名的明星和主持人都会留出大胡子。

会长吐槽：看钱多多，这位先生的秀发和胡子都很特别。尼日利亚有什么特别的节日吗？有“撒娇节”之类的吗？

陈超吐槽：每天都是“撒娇节”。

钱多多：我们尼日利亚有两个比较特别的节日。第一个是面具节，这个节日是为了纪念过去的英雄而来的，但是这个节日的面具会有一些恐怖的味道。在这个节日里，我们会唱歌跳舞，吃好吃的东西，也会喝酒。之前大左说我跳舞都是一个动作，今天我要跳点不一样的。（表演了尼日利亚的传统舞蹈）在尼日利亚，另外一个比较特别的节日就是莎罗节。这个节日为的是锻炼男生的意志力——我们会按照年龄分组摆出挨打的姿势，然后由同龄人挥鞭抽打，会打得很重，一直打到对方流血。这样打的意思是为了看两个男生谁先退出，先退出的那个会被看作是胆小鬼。当然，如果两方都没人退出，那大家也会叫停。但是，这个节日的活动有个很有趣的地方，就是如果有人真的受不了疼痛退出了，那他的老婆也许会收拾东西离开他，因为他不够男人，不够坚强和勇敢。这个活动是可以不参加的，但还是有很多人为了挑战自己去参加。

会长吐槽：说实话，这个节日有一点点不太好理解，但是如果你不是参与者听起来还蛮有趣的。

小贝：澳大利亚在每年 11 月的第一个星期二，会有赛马节。一整天会有很多次比赛，但是真正的“墨尔本杯”只有一场，会在当天的下午三点举行，也很快就会结束。赛马节并不只是一个单纯的比赛节日，必须要打扮得很时尚，盛装出席。参加赛马节对服装其实有很严格的时尚要求。比如，男士一定要穿那种很正式的西装，女士的话一定要戴那种小礼帽。

穆小龙：古代的时候我们有一句话：没有尼罗河就没有埃及。古埃及人就一直认为尼罗河是一个神，这个神叫哈比，因为看到尼罗河有丰水期和枯水期，就觉得哈比这个神很情绪化。为了满足这个神，每一年河水泛滥的时候，都会选出一个漂亮的女孩，祭祀给尼罗河，叫作尼罗河新娘。古代的人认为这些被祭祀的女孩会有更好的未来，但是在现在是不会把人祭祀给尼罗河了，都是用石膏做成石像来代替。

潘天楷：在德国，我们有一个非常非常夸张的节日，在狂欢节结束前的最后一个星期四，叫“疯女人”节。这个节日非常的 open（开放），非常的 crazy（疯狂）。女人们会闯入市长的办公室把市长赶走，还会拿着很大的剪刀，在街上剪男人的领带。这些女人只追男人，不追女人，很多游客来的时候，会被女人拿着剪刀追得满街跑。

会长点评：这个节日其实很有意思，它是在宣扬女权，告诉社会女人也可以当家做主。

华波波：伊朗有自己的日历。在伊朗，3 月 21 日是春天的第一天。那一天，我们会过迎春节，这个节算是伊朗最大的节日。在迎春节这天，我们会摆一张很特别的桌子。这个桌子是很讲究的，放在桌子上的每一样东西都是要以波斯语的“S”开头的，因为在伊朗的波斯文化里，大家觉得“S”是很吉利的意思。同时我们还要放鱼和镜子，透过镜子可以看到自己还有哪些不足。桌子上还会放一本书。因为每年开春的时候我们都要算命，算完命之后会念经，父亲会把压岁钱放在书里，念完经之后要说说自己还有哪些问题要注意，然后父亲会从书里拿出压岁钱给你。

YOYO：我说一下日本最大的节日，这个节日相当于中国的春节，就是 1 月 1 日的元旦。这一天，我们会去寺庙参拜，会捐钱和祈福，也会买护身符，还会抽签。签筒里一般会有 6 根签，分别是大吉、吉、小吉、末吉、末小吉和凶。

INFORMAL TALKS

各国的民间禁忌与习俗

穆小龙：我来中国之后，才开始真正地发现，历史越久的国家，民俗习惯也就越多。比如说，你手痒说明你会收到钱；你走在路上如果有鸟屎掉在身上，预示着你会有新衣服；不停咳嗽是有人在想你。

杨迪吐槽：我以为你要说鸟屎掉在你身上，说明你要换衣服。

穆小龙：今天我找了几个例子，跟大家讲讲。如果你去埃及人的家，你看到别人家有你很喜欢的东西，千万不要过分地夸。不像在别的国家，你可以跟别人说，你家里的东西怎么这么好。在埃及，一定不要过分地夸别人家里的东西好。因为埃及人会有两种想法：一个是，你很喜欢这样东西，那你一定要把这样东西拿走，也就是说这个主人一定会把这样东西送给你。另外一个就是，如果你们的关系不好，那主人就会想你会不会是嫉妒我。

会长吐槽：那我就去你们家跟你父母说，小龙这个孩子太好了，没有比小龙再好的孩子了。

OO：在缅甸，男孩子如果在 10 岁到 15 岁不去当和尚，就不能结婚。因为佛在成佛之前是小王子，所以我们都会打扮成小王子的样子，然后坐在一个男人的肩膀上沿佛塔绕圈，之后就会把头发都剃掉。当和尚很辛苦，有个规矩很奇怪，就是你穿袈裟的时候，不可以穿内裤，你要把身上所有的东西都去掉，只披一块布。

会长点评：我个人觉得这个不算是禁忌或者迷信，这个算是习俗、信仰，这个是每个国家中我们都应该去尊重的习惯。

华波波：因为伊朗是伊斯兰共和国，所以我们相信，你要帮助别人，给别人正能量。比如说，你买了一辆车，你就要杀一只羊，把肉给别人吃。或者，你卖了房子，也要请别人吃饭——你赚的钱要捐一部分出来给别人。如果你不这样做，可能很多人都会有“邪眼”，也就是会嫉妒。所以为了避免“邪眼”，我们会在家里挂上“邪眼”挂饰。你来我家做客，一开门就能看到，或者是在车上，我们也会挂上这个挂饰。13 岁的时候，我去祷告，要去麦加，在沙特阿拉伯。当时去沙特阿拉伯的签证很难办，因为名额有限，大概是 1000 个人里选 1 个这种概率，我就去了。当时，我的同学们都很嫉妒我，当我从麦加回到伊朗之后，因为他们的“怨恨”，我在床上躺了两个月。

会长吐槽：你有没有想过，他们的怨恨不是怨恨你走了，是怨恨你走了又回来了。

小贝：我们都知道澳大利亚有袋鼠，大家都知道袋鼠很可爱，会跟他们合影留念。但是，我们国家有拳击袋鼠，这是真的存在的。袋鼠其实是特别暴力的动物，它们之间经常打架，所以拳击袋鼠还是很有名的。这只叫罗格的袋鼠是最近新闻报道过的，它身高 2.07 米，会用爪子粉碎铁桶，来保护自己的领地。所以在澳大利亚的禁忌是千万不要惹袋鼠，特别是在袋鼠的领地，你进去就惨了。

卷弗：俄罗斯人相信的东西特别多，但是他们不相信的东西更多。俄罗斯人特别不喜欢的是你很夸张地去夸赞一个人。比如说，有一个人很丑，你不停地说“你特别好看，特别帅”，这样就不行。我们也有一个“法宝”，用来对付这个“邪眼”，就是往左转头，吐三次口水，或者是找一个木头做的东西，敲几下。

安德：在意大利我们不是碰木头，我们是要碰铁。意大利有一个特别不吉利的现象，就是撒盐。因为，在古罗马的时候还没有货币，薪酬都是用盐来付的，所以在意大利我们会说，要是撒了盐，就等于烧钱。

穆小龙：在埃及的话，就是在婚礼上，新娘的妈妈必须撒盐。

钱多多：我们也撒，但是要把盐放在水里，撒盐水。

会长吐槽：那如果要是一个意大利人去参加一个埃及人的婚礼，岂不是会非常心疼?

YOYO：我们人类是离不开食物的，食物也离不开食用它们时所需要的道具，所以我们亚洲人是离不开筷子的，包括中国、日本、韩国。在日本，筷子被当作是一种国粹，8 月 4 日是我们的筷子节。今天要给大家介绍一个有关于筷子的忌讳。第一个忌讳是舔筷子。第二个忌讳是手拿筷子，拿不定主意吃什么，在桌子上到处选菜。第三个忌讳是你动过一个菜之后又动一个菜，不吃饭，光吃菜。第四个忌讳是扭转筷子，用舌头舔上面的饭粒。第五个忌讳是将筷子插在饭上。第六个忌讳是将菜从中间掏开，扒着吃。第七个忌讳是

将筷子当牙签剔牙。

田原皓：在英国，我们会觉得抽烟的时候用一根火柴点三个人的烟，那第三个人会很倒霉。这个是因为在第二次世界大战的时候，大半夜天很黑，但是点烟的话会有光，第一个人点烟的时候，敌人看到了，到第二个人的时候，敌人举枪准备射击，到了第三个人的时候，敌人就开枪了，所以我们说第三个人会倒霉。

左右：在美国也有很多禁忌和习俗，我先说比较简单的。和埃及一样，如果你的左手痒痒，你会收到钱；如果你的右手痒痒，你会交到新朋友，因为你是用右手去握手。如果你的鼻子痒痒，你会吻到一个笨人。如果你的耳朵痒痒，那就是别人在八卦你。我再说一个更有意思的，大家都知道“老虎机”是什么吧，那个机器最好的数字是“777”，是因为“7”在《圣经》里是最完美的数字。基督教中说上帝创世，前六天用尽了精力，创造了世界上所有的东西，第七天的时候，上帝看到世界心里觉得很完美，但是他同样也很累，所以第七天就休息了一天，所以“7”是最完美的数字。

钱多多：其实，很多人听到尼日利亚这个国家都会觉得我们很开放，但是实际上我们很保守。在尼日利亚，如果我结婚了，我的朋友来我家做客时我不在家，我的妻子在洗澡，那我的妻子是不能出声的。因为我的妻子在洗澡时没穿衣服，所以不能发出声音让别人知道。在中国，有一次我去我朋友家，但是我朋友没在家，我敲门的时候她的妻子在洗澡，她说“我在洗澡你稍微等一会儿”，结果我吓了一跳，赶紧跟她说“你洗澡先不要跟我说话”。后来我就想，如果这是在我的国家，我和我的朋友就没办法做朋友了。

会长点评：其实今天大家聊了很多禁忌和迷信，但更多的其实是风俗和习惯，你知道这样做了也不会怎样，但你还是会遵守和尊重这个风俗或者习惯。

各国女性美的标准

OO：在缅甸，对美女只有两个要求，头发特别长，皮肤要白。很多女人都有这种长到脚跟的头发，男人喜欢有这种头发的女孩子，除了真的很漂亮之外，还是因为长头发保养起来需要耐心，有这种头发的女孩子一定脾气很好，会照顾人。皮肤白是因为缅甸太阳很大，很容易晒黑。如果女孩子皮肤白，就说明这个女孩子家境还可以，是不需要出门干活的。缅甸其实也有很多少数民族，比如，在缅甸有个少数民族叫卡央，他们觉得脖子长的女孩子会漂亮，所以他们会往脖子上戴项圈，每年都会加一个上去。这种东西戴上去是不能摘的，摘下来脖子会断掉。

会长点评：因为缅甸是在亚洲，属于黄皮肤人种，所以我们在追求美白这方面是有些共识的。

田原皓：以前，英国其实也会追求白，但是现在，你要是很白的话，说明你每天都在办公室。如果你有钱出去，去海边，或者去很热的地方晒黑，那才是美。另外一个是，有些中国人也很不理解的标准，在英国我们会喜欢颧骨很高的女生，我们觉得这样的女生很优雅。比如说维多利亚，其实她的颧骨也不是很高，但她会特意化妆把颧骨化得很高。

小贝：在澳洲的话，我们追求的不是美白，其实是美黑，就是那种小麦色的皮肤，因为看上去会觉得很健康。另外一个我们很追求的是，像我眼睛瞳孔一样的蓝色的瞳孔，这样很美。比如我们澳洲的环球小姐詹尼佛·霍金斯，这种蓝眼睛就很好看。

会长点评：我一直没搞懂各种外国人瞳孔颜色的问题，我在想什么颜色和什么颜色可以生出一个什么颜色的瞳孔。

小贝：反正就是生出一个蓝色瞳孔最幸运。

华波波：伊朗传统的审美标准认为，女生应是弯弯的眉毛，中间可以有点连心眉，圆圆的脸最好看。伊朗有一个说法，鼻子要很小，因为伊朗人鼻子很大。另外一个是，女孩子舌头很长，能舔到自己的鼻子，

因为这样的女孩子被认为是嘴很甜的女孩，会很受欢迎。

会长：我在 B 站看节目的时候，会看别人刷的弹幕，弹幕上说了，华波波和左右的手非常好看，左右的手形超完美。

左右：有很多人都说这个事情，但是在美国，我们不这么看手，在中国就很多人说“左右，你的手好看”。

会长吐槽：粉丝说，华波波的手是身上最好看的部位啦。因为华波波除了手以外还有什么好夸的地方呢？

杨迪吐槽：粉丝一直夸你的手，就是让你平时少发一点自拍。

钱多多：在尼日利亚的话，一般是希望女孩的臀部可以大一点。而且，在尼日利亚你夸女孩子臀部大，她们会很开心。在尼日利亚有一个词可以形容女孩的臀部大，就是“悍马”。我们把塑料瓶放在女生臀部的位置，然后用细绳绑住，穿上衣服出门，如果看不出来有瓶子，那就是臀部够大了。

/ **功必扬：**阿根廷和尼日利亚也差不多一样，我们也很看重臀部，不管男的还是女的，很多明星都会给自己的臀部买保险。

穆小龙：在埃及，我们喜欢女生有大大的眼睛，长长的睫毛，还有黑色的长直发。在埃及，我们还非常喜欢酒窝，这里的酒窝我们叫作“wink”，代表你一笑起来就会撩到别人，酒窝流行到甚至一些人做整容会选择整出一个酒窝的程度。还有一些小道具可以帮助你拥有酒窝，比如你先笑起来，然后用铅笔按住酒窝的位置，5 分钟之后你就会有一个人工酒窝了。另外，在埃及可以看到很多女生戴头巾，其实在埃及戴头巾是自由的，你可以戴，也可以不戴，但是如果你戴的话是一种时髦。

/ **功必扬：**在阿根廷，每到夏天，杂志都会投票选出黄头发和黑头发的女生到底哪个更好看，每次都是黑头发胜出。因为黄头发会被我们认为是有欧洲血统，这样的血统会让人觉得有点儿高贵，会有距离感。但是黑头发会给人很亲近、很豪爽的感觉，所以阿根廷人会觉得黑头发的女生更好看。

康廷：在德国，我们特别关注一个东西，就是我们的牙齿。

左右：很多中国人都问我，在美国什么样的女生是好看的。因为在美国我们也有很多的民族，所以我们对美女的标准也是不一样的，很多不一样的人我们都觉得很好看。在美国，白皮肤的人和黑皮肤的人做头发的风格是不一样的，每十年都有一个不小的变化。

各国特色的减肥方法

/ **功必扬：**在阿根廷，特别流行的减肥方式就是中国的针灸减肥，还有一个叫作“骗胃”，其实就是欺骗你的胃。有这样几种方式，例如，不穿衣服吃饭，听慢音乐吃饭，还有用很小的餐具吃饭。如果你不穿衣服吃饭，可能会看到身体的一些需要减肥的部位，这样你可能就不想吃了；用很小的餐具吃饭，你的食欲会越来越小。所以，现在阿根廷很流行这种“骗胃”的减肥方式。

会长吐槽：所以就是当一个“骗子”遇上另一个“骗子”……

陈铭吐槽：就只能一起“裸体”吃饭了……

田原皓：英国是欧洲摄入糖分最多的国家，所以英国被误认为是最胖的国家，但实际上不是。相对于文化比较相似的美国和澳大利亚，英国是腰最细的国家，我们的肥胖问题没有那么严重。这是因为，美国和澳大利亚都太大了，他们到什么地方都要开车，导致他们缺乏运动。但是英国比较小，比较集中，你到什么地方都可以步行或者坐地铁，所以相对运动多一些。

左右：其实，美国有些奇葩的减肥方式比较可怕，比如，他们会在舌头上缝一块纱布，这样可以阻挡他们的味觉，就什么都不想吃，而且这样舌头真的会很疼，只能吃一些比较柔软的食物。有一个女生，用这个方法一个月瘦了 16 斤。

小贝：讲到减肥的方式，澳洲最近比较流行的是靠控制食欲来减肥。在红色的番茄、蓝色的咖喱、黄色的玉米和绿色的西兰花中，其实是蓝色的咖喱最能让你减肥。因为科学家发现，蓝色或者是紫黑色带给我们的自然反应就是对我们身体有害，或者让我们感觉食物变质过期，自然地就控制了我们的食欲。所以很多快餐店会有红色或者黄色的装饰，会刺激你的食欲，变得很想吃。现在，很多人都会在冰箱里放蓝色的光，或者用蓝色的盘子，在吃饭的时候你就会自己反抗自己想吃的感觉，食欲就会降低。

卷弗：在俄罗斯有一个很好的减肥方法。

这个减肥方法需要准备三样东西：一张白纸、一支笔和一把椅子。然后你就可以随便在网上找一个减肥的方法，将这个减肥方法写在纸上，然后把纸放在椅子上，一直坐着，这就是减肥我“坐”到了。还有一个就是，很多女生会用保鲜膜包裹自己身体，然后去做有氧运动，很有效果。

YOYO：其实，日本真的胖的人很少，这大概跟我们国家吃饭的习惯有关系。这几年，在日本特别流行一个呼吸减肥法。用呼吸减肥法可以带动腹部肌肉收缩，促进新陈代谢，紧实肌肉，减掉脂肪。首先，臀部要抬起，呼吸的时候，呼气三秒钟，吸气七秒钟，用力把气吸进来，快速吐出去。

钱多多：在尼日利亚呢，男人胖一点才会有魅力，太瘦的话连女朋友都找不到。

华波波：这应该是一个文化差异，我在伊朗其实是很瘦的那种，我每次发我的照片到 INS 上时，很多伊朗的朋友都会说，波波你在中国瘦得像牙签一样。在伊朗我们觉得老婆或者老公胖胖的，晚上睡觉可以用他们的手臂当枕头，所以我们说巴西女孩子像“可口可乐”，伊朗女生就像“洋葱”一样。伊朗人吃饭的时候，盘子是很大的，我们在中国吃饭都是用小碗，在伊朗就觉得用小碗你能吃饱吗？而且我们吃饭的时间很不对，晚上十点或者十一点才吃晚饭，午饭也是三四点才吃，而且在伊朗，胖的话也不会有人嫌弃他们。

OO：华波波我跟你说，欢迎你来缅甸。因为在缅甸是越胖越好，有肉就是有钱。

钱多多：我回到尼日利亚的时候，很多人都躲着我，他们觉得我生了病才会这么瘦。

穆小龙：在埃及，减肥的历史从古代就开始了。最早的时候，埃及艳后为了减肥，每个月会有三天不吃饭。古埃及也发明了一样东西，是为了给生过孩子需要减肥的妇女用的，叫“系腰绳”。现在美国人和印第安人都很崇拜这种减肥方式。

会长点评：我发现，在大部分国家，人们还是很热衷减肥这件事情的，而且很多人也都在选择一种健康的生活方式。所以我们也希望大家不管是不是正在减肥，都要合理地安排一些方式和方法，如果伤到身体健康，就不好了。

各国最流行的电视剧类型

钱多多：尼日利亚电视剧里会有很多神或者鬼的元素，如果一个人诅咒别人，那么被诅咒者会变成哑巴或者瞎子。不得不提的是，尼日利亚电视剧“神一般”的特效以及演员真挚的表演，会让人忍不住想要继续看下去，因为这样一本正经的胡说八道也是没谁了。

YOYO：日本校园偶像剧里有很多套路。比如，男主一般高大、帅气、爱运动，学习样样精通，而女主一般会采取暗恋的方式默默地在远处关注男主。当女主鼓足勇气要告白时，一般都是采取送情书的方式。当然，在送情书的过程中，女主一定是先暗中观察，接着踩着小碎步来到男主面前，弯腰低头，打死也不看男主一眼地送上情书。各位有时间的话可以观看日剧《一吻定情》，满满的都是套路。

田原皓：提到日剧，不得不补充一下的就是几乎每一个电视剧都会出现一个画面，就是男女主互道再见之后分开，各自往相反的方向走去，走了很远之后，一定会有一方突然转过身望着对方的背影，用带着一丝破音的声音大喊某某，谢谢你。

会长吐槽：我走过最长的路，就是田原皓的套路。

华波波：在伊朗的电视剧里经常会出现美国 FBI 或是其他组织来伊朗调查伊核问题的情节，同时会各种“脸谱化”美国。但一般美国的行动一定会被伊朗发现，并且得到打击。除了这个方面，在伊朗的电视剧中是不会出现异性有身体接触的画面的——哪怕是外国影片，如果出现微微有些裸露的地方，也会加上各种“道具”。

左右：电视剧的世界是完美的。

瑞江明：孟加拉国电视剧也是套路满满，因为孟加拉国离印度很近，在饮食习惯、文化、长相上都很像，所以在孟加拉国的电视剧中也会经常出现像印度宝莱坞中那样男女主人公动不动就唱歌跳舞的情形。

田原皓：请叫我补充套路小能手，在印度或者孟加拉国的电视剧也经常会出现：主人公一开始跳舞背景突然转成了雪山、白宫、金字塔等地方，当他们的舞蹈结束之后，一切又恢复到原来的场景。而且，电视剧不能出现接吻等亲密画面，所以一般在跳舞的时候会出现一棵树，两个人跳着跳着就到了树后，然后从树后出来的时候，两人又会显得很娇羞。

会长吐槽： 你小时候真的有在读书吗？日本的电视剧你也懂，印度的电视剧你也懂。

宋博宁： 法国有很多方面都做得很好，比如法国的电影，但是法国也有美中不足的地方，那是法国的电视剧。所以大多数法国人都比较喜欢看美剧。当然了，法国的电视剧也有拍得不错的，像《黑伯爵》就还蛮不错。但是这部电视剧充满了美剧《纸牌屋》的套路，只是这部剧也有让人钦佩的地方，它有隐喻法国政客的地方，只要对法国政局有了解的人，都能从这些角色的身上看到法国官员的影子。

卷弗： 俄罗斯会鼓励大家拍喜剧类的作品，所以俄罗斯的电视剧都充满了深刻的幽默感，非常有包袱点。俄罗斯有一部在中国很受欢迎的电视剧《战斗民族养成记》，这部电视剧虽然是俄罗斯人拍的，但主演是美国人。通过美国人在俄罗斯的经历，让这个美国人了解俄罗斯的文化，然后深深爱上这个国家。其实这部剧是用美国人的口吻来夸俄罗斯的。

左右： 美剧一般是先拍几集之后就在电视上播出，然后通过各种数据和观众的反响来进行修改美剧。通常采用季播的方式。所以当剧中人物受到很大争议的时候，导演或者编剧会通过让这个角色死亡的方式来结束人物命运。但如果这个角色人物被观众强烈要求回归，编剧也会用各种方式让角色“死而复生”。

田原皓： 在美国的电视剧里很少会出现跨种族恋爱，一般就是黑人与黑人，白人与白人，亚洲人与亚洲人恋爱。但在英国的电视剧中，基本上都会跨种族恋爱。曾经，在中国的视频网站还没有出现英剧的分类频道，不过因为《神探夏洛克》《权力的游戏》《唐顿庄园》等作品的播出，让中国的视频网站出现了英剧的分类频道。我最喜爱的就是《唐顿庄园》，我所有关于英国的历史都是通过这个电视剧了解的。而且这部剧的服装场景都做得非常的精致，语言的腔调也很还原当时的英国，所以，很多人通过这样的电视剧来了解当年的英国是怎样的一个英国。

拓展问题： 你们有没有什么特别喜欢的中国电视剧？

穆小龙： 因为埃及和中国都是文明古国，都十分重视家庭，所以在埃及会有一些关于家庭方面的中国电视剧播出，像是《家有儿女》《父母爱情》收视率都很高。在央视阿拉伯频道也会放很多经过配音的中国电视剧，会有很多埃及人收看。

卷弗：我很喜欢看《西游记》。其实我们“非正”的代表里有很多可以对应的角色，比如，我觉得我比较活泼，像孙悟空，华波波就比较像猪八戒，沙师弟是钱多多，而会长比较像唐僧。除了《西游记》，我还喜欢看周润发版的《上海滩》，特别帅气。

各国的情人节

吕锐：我们马来西亚除了庆祝Valentine’s Day（情人节），也会庆祝中国的情人节，也就是元宵节。马来西亚有很多华人，大多是福建那边过去的。在情人节的时候我们会举行一个叫“丢柑”的活动，福建有句话叫“丢柑嫁好廷，丢鼓娶好某”，意思是丢柑的话就可以嫁个好老公，丢鼓的话就可以娶到好的老婆。在举行丢柑的时候，丢柑者需要把自己的各种资料比如联系方式、名字等写在要丢的柑橘上，然后等待捡到自己丢柑的有缘人。

罗狮杰：在美国，情人节不只是男女朋友可以过的节日，而是所有人都可以表达爱的一个节日。并且，美国人也很喜欢在这一天花很多的钱。据统计，美国人在2017年情人节这一天花了189亿美元。我觉得，在一天花钱并不是最重要的，而是同爱人表达自己的爱意。比如，我会给我的包子（他的未婚妻）写一封信，再买一些她喜欢吃的。而包子除了给我写信之外，还会把她亲手做的杯子送给我。

华波波：在伊朗，政府不提倡大家过西方的情人节，如果咖啡厅、饭店或玩具店里有任何情人节元素的话，就会被封店。所以伊朗的警察有专门的一句话：情人节要到了，如果你们不注意自己的行为的话，我们就要注意你了。

萨沙：情人节其实是20世纪90年代才传到俄罗斯的，所以俄罗斯并不是特别重视。但是在俄罗斯我们更注重的是3月8日的妇女节。这一天可能对于俄罗斯男人来说，比圣诞节还要重要。这一天，你要对自己的母亲或者是女朋友、老师……只要她是一位女性的话，就要给她送礼物，比如，郁金香或是香水等。如果你有妻子的话，那么在这一天妻子可以完全放松，家务活由丈夫去承担。

江南：大部分的德国人都不过情人节，它是从美国传过来很商业的节日。但是在西德和德国南部有一个传统，就是单身男生要在5月1日晚上砍一棵白桦树，悄悄放在喜欢的女孩子家门口，有时候男孩子也会在白桦树上刻上自己的爱意。如果还有别的男生喜欢这个女生的话，他们就会一起开个小 Party，男孩会准备礼物送给女孩的父母。如果女孩喜欢其中的一个男孩，她就会折下男孩的白桦树的树枝，留下来做纪念。

萨沙补充：在俄罗斯，白桦树也是代表爱情的意思，如果是一对情侣，他们经常会在白桦树上写上自己名字，哪怕以后各自会去远方，但是他们最终还是会回到刻有名字的白桦树的地方相见。

范桂忠：其实，2 月 14 日这个情人节泰国和其他国家差不多，所以没有太大的区别。而且那个时间天气比较热，所以我们还有另外一个时间来庆祝情人节，就是 11 月的水灯节。在 11 月，泰国的天气比较凉快。人们会在河边放水灯，意思是说你会把所有不好的东西扔掉。如果情侣一起去放水灯的话，就表示两个人会永远在一起，非常的浪漫。

各国意想不到的世界第一

YOYO：日本有一个大家意想不到的世界第一——世界第一债主。日本会把钱借给世界上的很多国家，从而成为了世界第一债权国。据 2017 年 6 月的数据公布，目前美国欠日本 1.0908 万亿美元，平均下来美国欠每个日本人将近一万美元。

会长补充：YOYO，日本是美国的第一债权国，而中国是日本的第一债权国。

YOYO：感谢中国！

罗狮杰：美国其实是世界上养狗最多的国家。在美国大概有 7500 万只宠物狗。在巴西有 3500 多万只，在中国有 2400 多万只，也就是说美国是最爱养狗的国家之一。我们家从小到大都会养狗，如果其中有一只狗脱离苦海离开这个世界，我们就会再买一只新的。在美国，我们会把宠物狗看作是自己的家人。我们会给宠物狗买保险，送它们去医院等。在美国有一个很特别的职业——专职遛狗师，专门为那些因为工作或是其他原因无法遛狗的人遛狗。收入最高的专职遛狗师一年的薪水可达 20 万美元。

/ **钟逸伦补充：**在美国有一个默认的传统，就是大部分的美国总统都会养狗，据说是为了让他们看起来和普通的美国家庭一样。大家都有养狗的兴趣爱好，会更容易得到投票。

吕锐：我们马来西亚令人出奇的世界第一——泡面里的国度。很多人都会认为泡面是日本发明的，但是日本的泡面口味就比较少。马来西亚有全世界最好吃的泡面口味——有一位泡面达人在吃了全世界 375 种泡面后，评出全世界最好吃的十种泡面口味里，马来西亚就占了四种，最好吃的那个就是槟城的福建面（虾面）。

/ **钟逸伦：**我们意大利是最帅的国家！曾经有一个新加坡的国际机构从很多国家中选取了一万多人进行采访。结果显示，最多人认为意大利男人是全球最帅的，第二名是美国，第三名是俄罗斯。意大利男生最帅有三个最常见的原因，第一是我们意大利人很关注卫生、很爱干净；第二是我们都很自信；第三是我们都有很迷人的笑容。

何安杰：英国是世界上最爱喝酒的国家，据调查，在世界上最爱喝酒的三个国家，第一是英国，第二是中国，第三是俄罗斯。在英国有一个比较好玩的喝酒方式就是Pub Crawl（串酒吧）。比如，你在和朋友出去之前就已经订好了一个路线，按照这个路线去不同的酒吧。如果今天晚上要去七家酒吧，那么就按照这个路线在每个酒吧喝一瓶酒或者一品脱的酒之后，才可以去下一家酒吧，以此类推。

/ **钟逸伦补充：**其实在英国的大学里，我们也很喜欢Pub Crawl。在英国，你刚进大学的第一周叫“fresher's week”。在这一周每一个新生都必须要喝醉，英国人把它当作交朋友的方式。但是，我刚进大学的时候只有17岁，因为这个年龄的问题，我每次进酒吧都会被查身份证。因为我未满18岁，酒吧的人都不让我喝酒，这就导致了我的同学们都在喝酒，而我只能回学校待着，没办法像同学们那样交朋友。

唐小强：说到土耳其的世界第一，我要说一个体育项目，不是德国人的足球，也不是美国人的篮球，而是排球。排球在土耳其非常受欢迎，全世界最厉害的女排运动员都在土耳其的联赛打比赛。我知道中国排球很厉害，中国女排最厉害的运动员朱婷是在土耳其联赛打比赛。

会长补充：中国女排真的是让中国人非常有感情的一支队伍，在三大球类比赛项目当中表现最优异的就是中国女排。但是，女排队伍她们要打职业队，她们要有一些职业上的收入的话，其实要特别感谢土耳其，因为他们有一个非常厉害的联赛机制。他们非常鼓励和支持这种俱乐部的发展，所以有很多很厉害的球员都在土耳其打联赛。

各国有趣或奇葩的表彰方式和奖励

/ 功必扬：我要为大家讲一个西班牙特殊的表彰方式。大家都知道斗牛士吧？一场普通的斗牛比赛中，如果观看比赛的观众鼓掌的话，斗牛士会得到很多鲜花。如果在他得到鲜花之后，观众们举起白手帕挥舞，那么斗牛士将会得到牛的一只耳朵。这象征着斗牛士可以得到牛的四分之一。因为，以前斗牛士将牛杀掉之后，他可以把它的肉卖掉。要知道，那时候牛都是属于地主的。如果当斗牛士得到一只牛耳朵之后，观众们还在不停地挥舞，那就说明斗牛士可以再得到一只耳朵，相应的就是牛身体的二分之一。如果这个斗牛士还能得到牛的尾巴的话，那么他将获得整头牛。

一之濑：在日本的相扑比赛中，获胜者会得到各种不同的奖励，如一年份的啤酒、一年份的蔬菜、1.8 吨的大米，甚至还会得到特别可爱的巨型马卡龙。

/ 天乐：在泰国，如果是在军队工作的话，那么这个人会得到一个尊称，别人都会很尊敬这个人，因为他是为国王工作的人。还有，在泰国服兵役是抽签制的，红签是代表着要服兵役，黑签则表示不用。所以，在每年要服兵役的时候都会举行一个抽签大会，在这个抽签大会上会出现很多戏剧性的事情（网上有各种视频，强烈推荐大家去看）。

小贝：在 2017 年澳大利亚举行的体操世界杯上，组委会给获奖选手一人颁发了一瓶特别定制的写有“First，Second，Third”的 Vegemite，又被称为澳洲的臭豆腐酱。这种食品的味道差不多也只有澳大利亚人喜欢，澳大利亚比较喜欢在吐司涂上黄油再加上一点点这个酱。

宁大人：大家都知道，欧洲和中国的足球如果赢了的话，会给获胜队的球员很多物质奖励。但在我们南非足球联赛，每一场足球赛结束后都会选一个 MVP，而奖品就是 5G 流量。因为在南非流量真的很贵，所以给流量的话球员们会很开心。而且每个国家送的礼物也不一样，博茨瓦纳会送拖鞋，加纳会送各种生活用品，津巴布韦会送一箱啤酒。

龙儿：刚果（金）虽然经济不够发达，但是国家会给足球运动员非常丰厚的奖励。有土地、豪车、奖金等。法国有四个来自刚果（金）的球员，比利时有三四个，所以我们也是有机会拿世界杯的。

会长补充：这是一个好问题，所以我们来研究一下这个问题。为什么这些球员会选择法国队？法国有什么好的奖励方式？

阮奕信：这次世界杯法国夺冠，除了FIFA（国际足联）提供的奖金之外，法国也会提供5万欧元的奖励给法国队。除此之外，获得世界杯冠军的球队成员均可获得法国荣誉军团勋章，这是有钱都买不到的，这是最大荣耀的象征，只有英勇的战士或是促进法国文化发展的人才可以被授予勋章。

华波波：在伊朗，奥运冠军能够获得非常丰厚的奖励，比如纯黄金打造的球鞋、单个价值三百元的金币。我们会一下子给三千元或三万元，每个部门都可以给到，还会给车子和停车位。

Chapter Four

和“非正”一起理解这繁杂的人生与社会

INFORMAL TALKS

遇到真爱要不要“横刀夺爱”？

可以 6 票 VS 不可以 5 票

杜波：我绝对不会去“横刀夺爱”。首先我觉得一个男人应该可以观察得出来一个女孩子有没有男朋友。一般来讲，从一个女孩子的眼神和态度应该能观察得出来。所以说，如果她给出的信号是“我单身”，那可能说明她的感情已经出现了问题。但即使是这样，我还是不会主动追她，但她主动来找我还是可以的。

杨迪：就是你不会出击，但是她来了你不会拒绝。

华波波：中国有句老话，苍蝇不叮无缝的蛋，说明你还是喜欢她。

马薇薇：我觉着华波波说得很清楚，杜波不会去做苍蝇，但他会做一只英俊的“臭鸡蛋”。

周晓龙：杜波说的观点我很支持，我的想法跟他基本是一样的。我要是特别喜欢一个女孩，但她已经有男朋友了，我会立刻消失不再继续见她。因为，当断不断，必受其乱。要是我跟她每天见面，那一定会有感情。如果她愿意跟我在一起的话，我是可以的，但是她要把她和她男朋友的事情处理干净，之后再来找我，我没意见。但如果让我去破坏别人的感情，可能是跟埃及的文化有关系吧，埃及就很忌讳这种事，所以我肯定不会去做。

/ **功必扬：**但是，我觉得我们谈恋爱或者我们选择我们的伴侣，是一个自由的选择，我们也选择不了我们爱上了谁。如果我们特别喜欢这个女孩，这个女孩真的跟她男朋友不幸福，你可以去争取。因为这个事情我经历过，我真的争取了，也争取成功了。

田原皓：英文有一句话：Always fair in love and war。意思是说，在战争跟恋爱里，一切都是公平的。恋爱是生活最大的幸福，如果你遇到你觉得非常适合你的人，但是她有男朋友，你就会觉得你没机会。其实机会是要创造的，为了你生活中最伟大的恋爱，最伟大的幸福。可是，你就这么放弃了，就因为她有男朋友。可

能在短期之内会有挑战，会有难过的事，但是从长远的角度看，两个人都会更幸福，那你觉得是好还是坏？这不应该说成是“抢”，我们就是在证明自己——你是对的，你更适合这个女孩。如果这个女孩觉得田原皓更适合我，我要跟他在一起，没有人把刀架在她脖子上，一切都是她自己的选择。

穆小龙：我觉得刚才你说幸福，爱情就是人生中最幸福的一件事，对吧？我觉得如果有一个人把自己的幸福建立在别人的伤感和痛苦之上，他就是偷心的人。

潘天楷：我觉得刚才这位英国朋友说得很对，怎么能说是“偷”一个女朋友，你可以“偷”一个东西，但你不可能“偷”一个人。如果这个女孩想被“偷”，她一定会被“偷”；如果她不想被“偷”，那肯定不会被“偷”走。第二个观点，在法律上，他们还没有真的结婚。我觉得真的爱情是一件非常重要的事情，有可能你的人生只能遇到一次，你真的不要把握机会吗？

马薇薇：现在意见已经表达得很充分了。我个人从女性角度思考，我们可不可以这样呢？就是不要进行追求，但是可以把这种心情告诉这个女生，让她自己去选择。比如说，大左是我的男朋友，这个时候左右爱上了我。如果左右借朋友之名偷偷接近我，破坏我跟大左的感情，然后把我“抢”到手，这是很不齿的，也是最糟糕的做法。但是他如果在他爱上的瞬间就告诉我他喜欢我，我也不会勉强你做的任何决定。但是，如果你觉得我也有机会，那请你跟大左分手再跟我在一起。我最讨厌的是那种潜伏性的，就是也不会跟你说我要“抢”你，但是你和你的伴侣一不对，立刻就会开始在你面前煽风点火。人更换伴侣在现代社会是很正常的事情，但是在任何时候都要做到坦荡，无论你持哪种道德观，都是对的。

YOYO：我觉得，对我来说，遇到真爱，对方有没有伴侣不是问题。因为我是个不常动心的人，所以我必须要抓住这个机会。可能不赞同这个观点的人们，是经常动心的人，他们也许是比较花心的。我活了三十年，没有女朋友的时间也很长了，接触的女生也不少。要是现在，我身边出现了一个让我真心动心的女生，那我一定会抓住这个机会。

会长：一定要说啊，要么让对方死个痛快，要么让自己死个痛快，总之就是要图个痛快。

异国恋是继续还是放弃？

继续 8 票 VS 放弃 5 票

田原皓：因为这是你青春三年的时间，最后是个明知道结果的结局，你不要浪费你自己的时间，你可以早一点放弃，你应该去找一个适合你的人。

穆小龙：你还没有尝试，你怎么知道没有结果，而且你只是关注没有结果，你有没有关注那个很爱很爱的她呢？

会长：伊萨，你是结过婚的，你是异地恋，你现在是后悔了吗？

伊萨：我自己觉得爱就是喜欢加习惯。我给你们讲讲我自己的故事。有一次我在拍戏，有一个美女，我很喜欢她。我跟她说我很喜欢她，她不接受，但是我就跟她说："不开玩笑，我真的想跟你结婚。"她就跟我说："你要是真想结婚，两天以内去土耳其找我的爸爸。"然后我就在两天之内去土耳其见了她爸爸。

华波波：我们在伊朗有句俗语说的是，四季最好的是在春天。也就是说，女孩子有自己的黄金时段，你不可能在 40 岁的时候找到一个非常好的对象。如果爱情有也许这两个字，就代表没有安全感。没有安全感，你就应该麻利地分手，因为如果一个男人不能给你安全感的话，就是在浪费你的时间。所以我觉得，世界这么大，你赶紧分手去找别人。

穆小龙：我觉得华波波说的这个爱，其实跟买西红柿一样，这个不好我就换下一个。

华波波：我是说一个男人不能给一个女人承诺，那他就不算个男人。

金韩一：那你谈恋爱的时候有没有给过别人承诺？结果呢？

OO：你们不亮灯的这些人，现在最怕的就是没有安全感，没有保证，对吧？你不是在租房子，没有人会给你一张表，告诉你过几年会跟你结婚，然后签名。如果是真爱的话，父母无所谓，毕竟现在网络、交通都这么发达。

钱多多：最好的办法就是把父母接过来。这三年里一定会发生奇迹，你不知道会发

RUSSIA
USA

生什么，但每一天都会发生变化。

伊萨：我觉得如果从男孩子的角度考虑，我不会放弃；但是从女孩子的角度考虑，还是放弃。因为男孩子到多少岁都可以结婚，女孩子等不了。

YOYO：一份感情应该珍惜，我觉得爱情是一件非常值得珍惜的事。

会长：你们没有理解YOYO，他为什么要选择坚持的原因是，连一个跟他坚持的人都没有，如果有这个人，别说三年，三百年都行。

田原皓：亮着灯的那批人，他们有一个很大的误会。尤其是这位穆小龙先生，你太感性了。感性就是让人穷的，你要理性一点。那我要用青春赌三年，最后十有八九是不能在一起的，为什么要浪费这个时间呢。

穆小龙：如果是一个月或者两个月，我都可以放弃，但是三年的时间很长，这中间会发生很多事情。

李越：我跟我太太是去年认识的，每一天都很快乐。我去年又要回美国，我回去之前跟她说，我一定会跟你结婚的，然后她跟我说好的，我愿意等你。我问她，你愿意等我多久？她说我等一辈子都可以。如果我太太有一丝犹豫，那对我绝对不是真爱。

于莎莎：如果我是这个事件里的女生的话，我选择坚持。我觉得人生苦短，你们为什么要给自己设那么多障碍呢，而且三年的感情生活也能增加你的人生经历，并且还能学一门语言。安全感是自己给自己的，不是别人给你的。

该不该在朋友圈屏蔽爸妈？

应该 6 票 VS 不应 6 票

/ **功必扬：**我就觉得应该屏蔽父母。因为，我们发的一些图片是和朋友一起出去玩，或者有时候我们受伤也会发朋友圈。其实，这对于我们自己来说没有什么，但对父母来说是一个负担。他们会担心我们，他们离我们很远，也做不了什么，只能担心。总让父母担心是不好的。

OO：我不同意。我觉得父母不跟你在一起，所以朋友圈就是给他们一个默默关心你的权利。

穆小龙：我想强调一下，你已经离开了你的国家，到了另一个国家，其实父母最向往的是得到你的一些信息，比如说看到你的一张照片。哪怕你真的受伤了，他们在关心你的时候心里也是开心的。

华波波：每一个人，都需要自己的空间。有时候，我爸非常不理解我的消费观，我很喜欢买鞋子买衣服，我拍一张照片发到朋友圈，我爸会用很商业的角度去看问题。但是我觉得，年轻的时候是需要去买鞋和过自己的生活的。还有，我 20 岁的时候被人骗了钱，我也没跟父母说，因为我觉得我是个成年人，这些事要由我自己承担。

OO：我也有相同的经历。当时我也是被人骗了钱，我跟我父母说了之后，他们觉得很伤心，因为这些钱都是我辛辛苦苦赚回来的。可是，如果我当时把他们屏蔽了的话，他们就不知道这些事情的发生了。你不觉得，这样的话你和你父母的关系就会变得特别陌生，这样他们太可怜了。

左右：我觉得你天天发不好的事情在朋友圈，比如放你在酒吧的照片，你的父母可能就会觉得你是个酒鬼。但关键是如果你屏蔽父母，你就是在屏蔽他们的关心。

/ **功必扬：**我觉得你可以选择别的方式，比如打电话、发短信，都可以和父母沟通。

左右：如果你的父母很想你，又不能立刻跟你联系，就可以打开朋友圈看看你的照片。

田原皓：我刚好跟你相反。我觉得，你的父母是你生活中最重要的人。如果发生了很大的事情，你又不让他们在朋友圈看到，他们自己可能会多想。这种事情你应该自己一对一告诉他们。

金韩一：在座各位跟父母都是距离比较远的那种，但我跟我妈距离很近。不过，我就是很想让她看到我的朋友圈，因为我真的没有太多的时间随时随地给她打电话，告诉她我在干什么，而且我会在朋友圈发我的状态。其实你们很自私，你的父母就是想知道你最真实的状态。

OO：以前，有个女孩子把自己的妈妈屏蔽了，但是她妈妈的好朋友来告诉她妈妈，你知道你女儿去别的国家跑马拉松了吗？这种事情从一个没有血缘关系的人那里听来，真的太伤心了。

小贝：其实我觉得，每天每个人都在扮演不一样的角色。比如说，我跟我的朋友在一起和我跟我的同事在一起，以及我跟我的家人在一起时，都是不一样的小贝，但我做每件事都不能让他们满意，所以不如屏蔽他们。

YOYO：不能给父母看的朋友圈，为什么可以给朋友看呢？我觉得这是件很简单的事情。我们跟父母之间的距离很长，朋友圈是一个很好的交流的机会。

/**功必扬：**这个平台叫朋友圈，不叫“父母圈”。

穆小龙：我觉得主要是看你跟你父母是什么样的关系。我之前跟父母关系不好的时候，我会屏蔽他们。但是，我们的关系越来越好的时候，我就会给他们看。

会长：我屏蔽过我的父母，我做了件很失策的事情。因为你知道，这个世上，你撒一个谎要用无数个谎来圆。我屏蔽了我父母，但是我没有屏蔽其他亲戚，当我的亲戚去我家讨论我朋友圈的内容的时候，我父母傻了。但是他们根本不懂朋友圈分组，他们认为自己的微信坏了。当他们跟我说“儿子，我微信坏了。他们都能看你朋友圈，我怎么翻都没有”的时候，我真是后悔死了。那时候，他们还在以为是自己的微信坏了。想到他们很着急想要买个新手机继续关心我的时候，我真的很难受。

杨迪：殊不知是儿子被他们“关进去”了。

钱多多：我有个朋友发朋友圈，说自己要跳楼，他妈妈看到了，就很着急地跑出去找他，结果被车撞了。

众：小概率事件不接受。

会长：其实，父母很想融入我们的生活，他们想通过这样一种类似于桥梁的方式去关心我们，爱护我们。他们也有可能想借助我们的朋友圈，借助我们的眼睛，去认识这个世界。但是，你们刚刚也提到一个事情，这个世界变化太快了，很有可能我们发一个东西，一个很有趣的东西，他们可能会反复地跑来问我们。这个就是我们说的代沟。

“门不当户不对”的两个人能否做朋友？

能 6 票 VS 不能 6 票

小贝：其实我觉得，两个人做朋友的话，必须要有同样的话题，要是两个人如果生活在两个不同的世界，那你们共同的话题就没有了。你们喜欢的东西不一样，你们住的地方不一样，你们的经历、感情都不一样，你们没有共同的话题，没办法聊，怎么做朋友。

马喜：完全不对，我觉得。看到别人有不同的生活是很有意思的。一个乞丐也有他的背景，也许会很有意思，你不跟他聊，不和他做朋友，你怎么知道他的世界？

OO：那你有几个乞丐朋友？

马喜：那你做我的朋友吧。

金韩一：而且我觉得，当初为什么做朋友，是因为你们的价值观是一样的，并不是说两个人生活要一样。聊的话题要一样，那其实不一样。

穆小龙：我们为什么要做朋友？首先，我们有共同点，我们要聊得来，有话题。那这个话题跟门当户对有什么关系呢？比如，我很喜欢足球，我的朋友也喜欢，他有钱可以花钱去现场看球赛，我没钱我就在家里看他。回来之后，我们还是可以继续交流，还是那一场比赛，有什么关系呢？

YOYO：两个地位不同的人，基本上没办法交流和互相理解。比如，著名的时装设计师不可能了解到不出名模特的辛苦。不出名模特天天挤公交，但著名设计师每天有司机接送，这两个人的生活根本是接触不到的。

小贝：其实我觉得，朋友之间就必须要有一种平等的关系。因为，如果我比你社会地位低，那我可能买不起你喜欢的那些东西，但这个时候你还是坚持去那些你喜欢的地方，每次都是你买单，这会让我很不舒服。我会觉得我是你身上的一种负担，这样我就会逐渐拉开我们的距离。

华波波：我是觉着得，朋友在一起玩，开心就好。我 1000 块钱能吃得饱，300 块钱也能吃得饱。所以，因为我喜欢他，我会为了他让步。说到“门不当户不对”，

咱们外国人和中国人其实也有很多门不当户不对的地方，我们的文化不同，背景也不同，但我们还是可以做很好的朋友。

OO：我不同意。你在说迁就，是吧？但是，每一次你都去迁就，你就会很累。两个人在一起出去玩，你要小心翼翼的，不能让他们觉得不舒服。

韦嘉德：我们现在讨论的不是能不能做朋友，而是能不能继续做朋友。如果说，因为他是你童年的朋友，现在就一定还要继续做朋友，我觉得这个不对。首先，朋友关系是要靠双方的努力，去培养去维护，而不是说以前怎么样，这个不是现实中的朋友，只是回忆中的旧友而已。其次，我们要想到不同的场景有不同的要求。今天我是你朋友，你的层次比我高，你邀请我去参加一个Party，我是你的朋友，我就一定要去。但是你有没有想过，我可能不适合那种场合。我们现在说的是朋友，不是知己，知己是可以无条件地付出的，但是朋友就没必要这样。

会长：其实说实话，如果单纯以今天的辩论来看的话，比较能说服我的观点是韦嘉德的观点。“关于‘门不当户不对’能不能成为朋友”这件事情，可能没办法有一个定论。但是我们能发现，世界的边界在消除，各种各样不合理的规定和规则也在消除。其实，我们看今天，我们坐在这里，也没有按照什么“门不当户不对”。正是因为摒弃了很多观念，摒弃了很多的界限，我们今天才能坐在一张桌子上聊天。所以我觉得，世界在发展，我们的内心也在发展。不同国家的人能成为好朋友也印证了一点，就是更多的以前那种所谓的观念，会被抛弃掉。很多人说，圈子不同别硬融合，但随着时代发展，圈子不同有的时候也能融合到一起去。

男人有一颗少女心正常吗？

正常 6 票 VS 不正常 6 票

罗狮杰：我觉得，在历史上，男人这个词是没有什么意义的，只是一个压迫女性的手段。在我看来，一个非常男人的男人，是一个特别能了解他的少女心的。因为这个人跟从他自己的内心，所以他非常非常的男人。

YOYO：我觉得，男人就该有男人的样儿。在我们的护照里面，我们没有写着女人，我们都是男人的性别。我们人类离不开谈恋爱，如果我没有这么男人，我怎么给女生浪漫的爱情呢？如果你和女生喜欢的一样，做好姐妹就行了。

米可：我觉得，这种男人一定很爱自己的女朋友，因为他不担心在所有人的面前表现自己的感情，他不怕别人嘲笑自己。我觉得如果你遇上这种男人，一定要珍惜。

唐小强：在土耳其我们有一句话，男人的强不在外表，在内心。比如，有些人个子矮，或者比较瘦，没有肌肉，但是胆子会很大。但是，有些人个子高，也有肌肉，胆子却很小，甚至会突然哭起来。但是女人跟男人谈恋爱是想要找到一种安全感，是希望男朋友能保护自己。

小贝：这就是一个逻辑上的问题——有人认为这个人如果想要保护你，他不能拥有少女心，但是如果少女心是他的真我，他愿意在他女朋友面前显示真正的内心，这样的话不是会更有安全感吗？这样说明他不会去欺骗你，反而会给你带来安全感。

/ **功必扬：**我们这个社会，是越来越包容的，这是个非常好的事情。但在这个越来越包容的社会中，还保留着很多传统和保守的概念。比如说，为什么男子汉是一个褒义词，而少女心用在一个男人身上，你会觉得不太舒服？为什么会出现这种问题呢？是因为这个社会还保留着这些传统的东西，所以我觉得现在男人有少女心还不太正常。

吕锐：我知道，拥有少女心的男人会更了解女人，因为敏感。在很多事情上，大男人是不会去想女人到底敏感什么、生气什么的，但是拥有少女心的男人更了解女人，所以他更懂她。有的时候，我看到那些可爱的东西，都会跟我女朋友分享。这样沟通起来，两个人的思想更接近，这样去交往会更好。

宋博宁：并不是表现出少女心才是了解女性。我可能有少女心，但我不会表现出来，我也是可以了解女性的。当你有小孩之后，你要给你的小孩一个什么样的教育，这很重要。

钱多多：我真的服了你们，你们不觉得有少女心的男生很浪漫吗？很多女生很喜欢浪漫，所以这样的男生女生才喜欢。反而我觉得，是这个女生她有问题，我不赞成说一个男生有少女心，这个女生就会觉得没安全感的观点。这个男生那么强壮，这就说明他能保护那个女生。

宋博宁：你说保护是真的很可笑，一个男生再强壮，但是不勇敢，能保护谁？

萨沙：男人就应该有一个男人的样子。男人就要勇敢，阳刚，好胜，这就是一个男人的样子。你应该有担当，有担当是很重要的，这样你才能扛起你在家庭中的重任，才能保护自己的家人。你要天天像林黛玉那样敏感，遇到一点儿挫折就受不了，那是不可以的。

小贝：你要是说女性就是林黛玉，男性就是很强壮的英雄，就代表你已经有很深的问题了。这是我们现在社会中一个很大的问题。法律上说男女平等，法律上说你们有同等的权利，但事实并不是这样，我们还是一直在受过去的影响。男人如果表现出了任何作为传统女性的表现的话，就说明他们弱，这就是歧视女性的一种想法。

陈铭：我一直都有少女心。在我们今天基本平权的认知大前提下，我们对所有的性格特质都应该无差别对待。比如说，刚才萨沙说，男人就要有担当，女人就不该有担当吗？有担当其实是对一个人的评价，而不是建立在某一个性别上的评价。我们说，一个男性很敏感，就认为这是少女心的体现，不尽然。敏感为什么只能是女性性格特质的一种体现呢？一个男性性格敏感，喜欢旋转木马，喜欢撒娇，这没有什么问题，他只需要找到适合他的另一半，他一样能收获幸福。汉子、粗犷、有担当，为什么不能成为一个女性的标签呢？

在爱情中，是甜言蜜语重要，还是务实重要？

甜言蜜语 4 票 VS 务实 7 票

/功必扬： 我们西班牙有一个说法：Las palabras se las lleva el viento，翻译成中文是“风会把言语吹走”。意思就是说，你现在说的话，可能过一段时间，就不是你自己真实的意思了。所以最重要的是，你谈恋爱的时候还是要务实，多考虑比较现实的东西。

米可： 但是，她只是要她的男朋友说一句“我爱你”，你说一句“我爱你”会死吗？

/功必扬： 不是，太甜的话，就会觉得不真实。

罗狮杰： 美国有一个说法：Action speak louder than your words，意思是你动作发出的声音，比你说话发出的声音大。

陈超： 中文有一个对应的词语叫作行胜于言。

罗狮杰： 也就是说，那些爱说甜言蜜语的人不够了解爱情。比如说，我和我女朋友谈了两年的异地恋，真的特别特别难，但为了保持我们的异地恋，我们必须找到一些方式——总一直说“我爱你”是不行的。比如说，我每天早上起床要给我女朋友写一封信，从我们开始谈恋爱的第一天到现在两年了，我都会给她写信，我打算在我们结婚的前一夜，把这些信都给她。所以我的观点是，我不能只说“我爱你”，而应该通过一些行动来证明这个爱情。

小贝： 我觉得甜言蜜语是最重要的，尤其是在异地恋的时候。比如说，对方生病，或者出了什么问题，除了飞过去在对方身边照顾他，你还有别的能做的事情吗？你就是要用这些甜言蜜语来表达你对他的感觉。

萨沙： 我要反驳一下小贝。异地恋只是暂时的，因为爱情终归要回归到实实在在的生活里。爱情中无论男女，做的肯定要比说的重要。比如，我有一次和女朋友去游乐园，她想去鬼屋。我特别害怕那个，但是她想去，我要替她考虑，于是我就陪她去了，最后蒙着眼睛出来。受一点委屈我是 OK 的，只要她开心就好。

小贝： 你说的这些实在的东西当然也很好，但是这并不特别，因为你对你人生中重要的人都能做出这些行为。但是你爱的那个人，你的那个对象，你面对对方的时候应该是你最真实的自己，所以需要表达出你最真实的那些感觉，这样的话是不能代替的。

萨沙： 我觉得，不是说不能说甜言蜜语，而是有时候说多了就没有意思了，反而会让对方觉得没有新鲜感。

唐小强： 唐大哥给你们上一节关于爱情的课吧。主要是，务实才能细水长流。比如说，她生病了，你发短信过去跟她说，多喝点热水，我爱你，记得吃药。但你是她的爱人，如果她生病了，你能亲自过去照顾她，那不是更好吗？

吕锐： 我现在跟女朋友生活，就是会每天早上起来之后，真的去照顾她的生活。例如，吃饭、工作。我每天很尽心尽力，很认真地照顾她，把我能给她的全给她了。如果她还是想听甜言蜜语，我就会觉得她是想让我做“神仙”了——就稍微体谅我一点嘛。

会长： 我之前看过那条关于“左先生和右先生”的话题，左先生是那种很会讲甜言蜜语的人，右先生是比较务实的人。网络流行语说，你可以跟左先生谈恋爱，但是你一定要嫁给右先生。

张玉安： 其实，每一个人在每一个阶段想要的东西是不一样的。比如，刚开始谈恋爱的时候，她可能需要的是一种安全感，但这种安全感可能没办法通过实际行动获得，因为两个人刚刚开始相处，所以语音可能会给她一些心里的安定感。等发展到一定阶段，两个人开始谈未来了，我觉得这个时候语言肯定不能满足对方的某些要求。所以，这个时候男人更多的通过行动来证明自己，可能会给女人更多的安全感，让她觉得这个男人是值得托付终身的。

会长： 其实，有时候左先生和右先生很难兼得。刚刚我们提到，一开始通过甜言蜜语，后来再通过实际行动，但是不知道你们想没想过，一个特别可怕的现象——一开始他行动做得特别好，到最后只剩下甜言蜜语了。

电子竞技应不应该成为一个奥运项目？

应该 5 票 VS 不应该 7 票

小贝：其实我觉得，从主要方面来考虑的话，应该以变化为主，如果我们只考虑奥运会这个传统的体育盛事，那么奥运会从古希腊到现在已经发生了巨大的变化。各种项目加入奥运会，而且每次加入新项目的时候，也会发生类似的冲突。不过现在这些新项目反映了我们现在的世界，把它融入到奥运项目里面来，可以丰富我们观看比赛的内容，是一件很好的事情。

会长：嗯，一件具有创新意义的事情。

罗狮杰：我认为，奥运会不需要这种对你身体没有任何好处的所谓的“创新”，不忘初心，方得始终。奥运会的初心是什么？就是考验你在体育方面的一些表现。但是，电竞项目除了会让你的手指更强壮之外，不会有任何好处，因此，这完全违背奥运精神。而且世界卫生组织报道过，过度沉迷游戏是一种心理疾病。所以总的来说，如果奥运会有这样一个项目，那简直就是在鼓励你去罹患这种心理疾病。

/ **帅波波：**如果电子竞技成为奥运项目的话，那些身体不好的人和在运动方面没什么天赋的人，就可以通过这种项目去参加奥运会比赛。这样，男女老少都可以参加奥运会，也不需要去考虑你的运动水平高低。大家都能参加，这样是比较公平的。

吕锐：因为奥运会是不管男女老少都可以看的，如果电子竞技成为奥运项目，就会把沉迷游戏的这种举动合理化。对我来说，运动是一个流汗的过程，玩游戏是脑部的运动，所以你坐着只是有一个脑部的运动的活动，我觉得它不可以成为一个奥运会的运动项目。相比起提倡电子竞技的话，我宁愿提倡心算，这样对脑部运动更有效果。

/ **钟逸伦：**我也觉得不应该成为奥运项目。我并不是反对这个概念，我担心的是，现在没有一个游戏够红，有足够长的积累时间去成为一个奥运项目。我们谁也不知道再过十年八年我们在玩什么样的游戏。而且，现在电子游戏越来越多，所以找到一个全世界都在玩的、并且拥有很长历史的游戏的概率是很小的。

萨沙： 奥运会最终的目的是什么，就是发现人类的极限。不是每一个人 100 米都能跑进 10 秒。有的人可以利用他自身的协调能力、反应能力，在游戏里面闭麦听歌 1V9，这也是一种极限啊。我们现在应该做的，就是让奥运会认可这样的一种极限，认可它的存在。

吴雨翔： 我觉得你们现在说的这个东西，是一种特别可怕的趋势。因为，我们所说的电子游戏，其实是一个虚拟的世界。在虚拟世界里，你是一个很厉害的人，并不代表你在生活当中就是一个很厉害的人，很有可能你在真实世界就是一个失败者，这样想想是不是有点儿尴尬？就比如说，你在足球游戏里踢球很厉害，那你实际上会踢得好吗？

小贝： 我们现在是在以一个不平等的方式去面对两件事情。我们说起体育的时候都是在用褒义词去形容它，说体育对身体很好。但说到游戏，我们就开始使用贬义词，比如说，打游戏会导致心理疾病，让人宅在家里，什么都不做。但事实上并不完全是这个样子。体育方面，尤其是专业体育竞技，也有很多负面的例子，也会产生很多负面的影响。那么反过来说，玩游戏能提高团队精神，锻炼一种策略能力，这样看来游戏也有褒义的一面存在。对人生能起到各种各样的帮助。那么，为什么我们现在说到体育，都会说“哇，这很棒，我们应该支持”，说到电竞游戏的时候，却直接给电竞游戏一个贬义的定义？这样很不公平。

罗狮杰： 因为它是心理疾病。

小贝： 它不是疾病啊。你游戏玩得好，跟你体育运动做得好其实是一回事。因为真的有很多病态的运动员，锻炼到极限的那种。这并不是一种健康的方式。

高佑思： 我是非常支持电竞成为一个奥运项目的，我有两个理由。第一个理由是游戏行业已经成为一个规模化、职业化和全球化的行业。为了成为一个游戏高手，很多职业选手都是从很小就开始被培训，能到达世界级别的高级游戏选手，其实已经和成为一个商业运动员一样困难。所以，它真的已经成为了一种运动。第二个理由和小贝相同：奥运会的项目应该适应我们这个社会的变化。现在很多年轻人对现有的奥运会项目都不是很感兴趣，如果电竞加入奥运比赛项目，会吸引更多年轻人来看奥运会。

/ **功必扬：** 我并不觉得电竞可以提高奥运会的关注度。我反而认为，正是因为奥

运会的关注度高，所以才有电竞想要加入奥运项目。你们一直都在说，电子游戏也是一些对抗类的运动。我们看足球、乒乓球之类的对抗运动，它们的规则都是由体育组织或者奥委会规定的。但是，电竞游戏是由游戏公司制作的，规则也是游戏公司规定的，所以跟其他的运动是不一样的。

萨沙：其实，功必扬所说的电子竞技会蹭奥运会热度的观点，我觉得没错，正是因为奥运会有这样的高曝光率，所以电竞才有可能成为互联网时代中国家与国家之间交流的一种方式。它甚至可能会带动经济，成为国家的经济支柱产业。

/功必扬：但是我们要说到一个东西，就是企业。这些游戏只是企业的作品，已经被商业化了，它们背后有金钱利益存在，这个东西与奥运会的精神相违背。比如，我们看奥运会的足球比赛，他们的队服没有任何品牌的赞助，只有奥运会的标志而已。但是，一个游戏的出现，本身就代表着这个企业，像一个赞助商一样，我觉得这是完全违背奥运会精神本身的。

陈铭：事实上，电子竞技已经加入了2020的亚运会——2020年的杭州亚运会已经确定了电竞就是一个竞技项目。2024年的奥运会，电子竞技也有很大概率会成为奥运比赛的项目。我们悲观一点地讲，奥委会本质上也是按经济规律办事的，这是一个大原则，虽然它有着奥林匹克精神作为方向指引，但是归根结底还是要强调经济效益。这么大的受众面，这么巨大的市场，都需要巨大的奖金额度支撑。奥运会的确有着巨大的关注度，不过谁蹭谁的热度不重要，是互相蹭热度。这种类似“联姻”的事情，如果会为双方带来巨大好处，那它就可以加入到奥运会中。从趋势上来讲，本质上是经济规律在指引着奥运会未来的走向。虽然我们总是说，“体育就是要出汗啊，要动起来啊”，你想象一下，从足球到乒乓球，是不是人运动的幅度越来越小，更多的技巧是不是在于手部的、微观的、需要通过反复训练的技巧？再想想击剑。击剑是在一条线上来回运动，但是本质就是那一瞬间敏感的快速反应，那一瞬间手部几根手指的变化和肌肉的收缩是一致的。快速的战略，敏感的反应，反复的熟练动作，和最后手部的肌肉操作本身是具有一致性的，这就是体育的方向。所以无论是出发点、落脚点，还是背后的经济规律，电子竞技加入奥运项目是一个必然的趋势，只是看时间早晚而已。

微信需要增加显示已读的功能吗？

需要 3 票 VS 不需要 8 票

一之濑： 我觉得不需要这个功能，因为这样可以避免超尴尬的场面。日本的社交软件大部分都有已读功能，如果说 16 个人看了，谁都没有回复我的话，我会超尴尬。

小贝： 不过一之濑，这个尴尬已经在那儿了，所以你就不要那么的玻璃心，接受就好了。

会长： 那是你心态好，我们的人生总是要找一点台阶下的，好吗？

杨迪： 你能受得了所有的已读不回，觉得无所谓，对吧？

小贝： 我真的可以。我是那种会故意用已读不回这个功能的人，我打开消息，但我就不回你。

华波波： 除了会长以外，如果有人看了我的消息不回，我就拉黑他。如果对方不想跟我聊天的话，那我也不想跟你做朋友了。

小贝： 其实我觉得，有了这个功能反而会减少我们的这种焦虑——起码我们心里清楚谁要回你，谁不回你。比如说，我喜欢一个人，我给他发了信息，我发现他已读不回，那我就会觉得他不喜欢我，那算了。但是没有这个功能，那我的脑子一定会一直乱想，是不是他手机丢了？他出什么事情了？他在干什么？我的天哪，我真的不知道我该想什么了。所以，其实我觉得，有了这个功能至少能说明这个人看到了这消息。

宁大人： 那我问你，如果老师给你发信息说，“说好了 2 点钟交作业，你怎么还没来？”你可能正在赶作业，并已经做好了，准备说，“我 4 点钟肯定会完成”，但是老师 2 点钟给你发信息，你怎么回？

小贝： 我从来没有晚交过作业。

一之濑： 我觉得小贝胡思乱想的想法超级可爱，因为猜来猜去，这就是恋爱的一部分哪。

/ 钟逸伦： 其实，还有另外的一部分。我觉得，已读功能会让所有的人更成熟一点。比如说，华波波晚上 10 点给我发微信说，“你今晚要跟我一起去吃饭吗？”我看到了，但是不想去，所以没有回。如果没有已读功能的话，第二天早上我可以直接回消息说，“对不起，我昨天很累，早早就睡了，没看到。”我觉得这样很不好，我们这个社会还是需要诚实的，如果有这个已读功能，我就必须当天直接跟他说，“对不起，华波波，谢谢你邀请我，但我今晚想在家吃饭。”如果大家都能这么诚实的话，我们的社会会变得越来越好。

/ **功必扬：** 其实有了这个功能并不能说明人会变得更诚实，我觉得还会有更多的套路出现。有些软件有已读功能，但你还是可以不点开信息就看到别人发来的内容，所以总会有更多的套路去应对。

小贝： 说了半天，我觉得我们有两个点要去考虑，一个是收信息的人，一个是发信息的人。当然，我们现在一直在说发信息的人。其实，收信息的人如果有了这个功能的话，也会加大他们回信息的责任感。比如说，我马上要上飞机，我有两个小时时间不能回你，那我看到信息我可以直接回复“我要上飞机啦，两个小时以后回你”，这加大了我及时回复你的责任。再说我觉得已读功能对工作方面也有特别大的帮助。我知道我们每个人都有一个经验，就是在群里会经常看到五个字“收到请回复”。我特别讨厌看到这五个字，因为你的消息直接发到我手机上，我可以看到你的消息，你不用这样说。这明明是一个功能就解决的问题，还非得让群里每个人发信息回复，简直是浪费时间。

陈铭： 其实这个功能的本质就是一个价值观——你希望我们未来更多的是一个什么样的世界。一个更精确的、精准的、透明的、公开的、诚实的世界，还是一个更模糊的、灰色的、人性的，甚至允许有一些小谎言存在的世界。后者的世界自由度更高，我们给了它不诚实的自由。

会长： 这个世界的通信软件中的功能包括微信都有争议的，以前我们用 QQ 联系，但 QQ 是可以选择的，它有在线、隐身、忙碌、隐身对其可见。这意味着收信人从根上就拥有选择了回不回复你的权利。而现在这个年代，因为手机被大家随时拿在手里，所以你本来就已经躲不过去了。在这个本来就躲不过去的基础上还要再加一个更厉害的功能，这对于很多人来说，价值就会变得更低，因为你损失了你选择的权利。社交工具正在不断的发展之中，于是出现了很多社交礼仪。如果有一些礼仪被你打破，或者没有被你遵守，你就会被人嫌弃或者讨厌，他们会觉得你不懂礼貌。

坚持认为朋友之间一定要互相送礼的我，正常吗？

正常 4 票 VS 不正常 7 票

/ 天乐： 我觉得不正常。因为我觉得，如果你真正地爱这个人的时候，送东西就不会要求别人回送你，付出就不要奢求回报。

宁大人： 我觉得很正常。因为什么样的人会跟什么样的人交朋友，如果你生日的时候我送了你生日礼物，我过生日的时候你没送我，我会有点儿生气。因为这会让我觉得你这个人很没礼貌，而且并不在乎我。

罗狮杰： 首先我不服，然后我要打你的脸。如果你送礼物的时候，对朋友有任何的要求，你所送的这个东西就是货币了。你不要以为你有时间，你有钱，你所有的朋友就跟你一样有时间、有钱。这样的想法真的是太自私了。

梁悦信： 我们常说，我们要互相尊重。但是，有的人可能不喜欢送礼物，所以我们要尊重那样的人。但同时呢，要是我们的朋友刚好是那种特别喜欢送礼物的人，我们也要尊重对方，送对方礼物，但一定要把握好那个平衡点。

一之濑： 君子之交淡如水，所以我的日常生活中，没有什么互相送礼物的朋友。因为，只要是付出了，就想要回报，这是人的本性。可我认为还是友谊本身比较重要，如果送礼物的时候有负担或者是有压力，就没有友谊的意义了。

华波波： 伊朗人很重视送礼这个事情，大家觉得必须得有来有往。虽然钱不代表所有，但是我想通过这种方式告诉你，我还想跟你做朋友，我们要继续往下交往。

萨沙： 如果我送礼，就是我想送而已，你给不给我回礼都没关系。我更觉得如果我到你的城市来玩，你说“好，我来接你”，这比送我礼物好得多，因为这是心意。

阮奕信： 最重要的不是礼物的交换，而是心意的交换。因为大家的状况不一样，所以对我来说，最重要的是心意。

/ 功必扬： 我还是觉得，朋友之间送东西是一种仪式感，这种仪式感也可以进一步表达朋友之间的感情。中国人在新年的时候要送红包，我们在圣诞节的时候也要互相送礼物。这种送礼物的方式，是一种很有效地联络人和人之间感情的方式，所以我觉得是有必要的。

小贝：我觉得真的按照这种互相送礼物的方式去交朋友，到最后可能不是一种情感，可能会产生一种情债，朋友可能最后是互相亏欠的，不是互相给予的。

陈铭：往往很多感情到最后就是情债。其实，自由的灵魂是不需要情感的牵绊，一切的亲密关系，本质都是自由的置换。你一定要去换，才能换回来——你的自由缺一块，我的自由缺一块，才能拼成我们。你花钱去给他买个礼物，他也会回你一个礼物，其实这是置换了金钱的自由。像萨沙说"来接我，我就很开心"，这是置换了时间的自由。这些都是有代价的，因为我们人生的每一个选择都有机会成本。当接下来这份财富，这份时间，这份心意，我选择给你，而不是用在其他的地方时，我其实已经付出了成本。那种数十年不联系，但是一联系还是老朋友的感觉，其实是只存在文学作品中。你可能刚一见面觉得还是那个人，但你跟他聊天超不过十句，你就会感受到疏离感。所以，朋友之间还是要相处，要有日常生活的累积，你要让他觉得"我们互相亏欠，否则凭何怀缅"，这样的感情可能更接地气，更是我们生活中的模样。

会长：我觉得，大家会把礼物上升到一个物质化的程度。其实有时候，礼物是一种情感上的往来。送一个具体的礼物，可能没有在他特别低落时的一句问候会更拉近彼此的感情。所以一个礼物往小了说，真要涉及一个具体的礼物的时候，跟一个人的价值观是有关系的。但如果往大了说，实际上是跟各个国家的文化、背景，包括社会礼仪有关联的。

Chapter Five

你不知道的“非正”代表们的另一面

INFORMAL TALKS

假如给你一部时光机，你是想回到过去，还是想远赴未来？为什么？

钟逸伦： 我会选择去未来，因为可以用在未来得到的知识来改变现状。试图在过去改变些什么是比较危险的，而且也改变不了什么东西。如果我去未来，就可以预先知道一千年之后才有的科技，我把这些科技带回到现在，会让社会发展得更快。不过也说不定未来很惨，比如环境污染之类的。如果我去到未来世界，可以在未来了解到，是什么原因导致未来的衰败，这样我就可以回到现在阻止这些事情发生。我觉得，虽然一个人去看过去是一件很有趣的事情，但是这没办法让世界变得更好。所以，不如去未来，看看未来的发展，可以帮助人类更快、更好地改变世界。

功必扬： 应该是回到过去，想要回到过去，改善自己曾经的过错。其实，从另一方面看，我们所希望的改变过去，并不一定要改变上天或命运对我们的安排。只是，无论是改变过去还是改变未来，我们都有自己的命运。但如果能够回到过去的话，我想用我现在的经历去改变过去的自己，让自己不要那么害羞，也不要那么过于在意他人的看法。现在，我对于未来也充满了期待，期待它会为我带来惊喜。

罗狮杰： 我想，无论是过去还是未来，我都不会选择。关于过去，有一些事情，如果我能重新做的话，我当然会做，我还会跟第一次做得稍微不一样。但是我不后悔，无论过去我经历了什么，因为这都是我人生的一部分，或者说是因为曾经体验过这样的经历才有了现在这样的我。我对我现在的生活非常地满意，所以我也不想改变已经过去的事情。关于未来，如果我直接跑到未来去的话，那也不太好。因为，如果我跑过去的话，就代表着这个未来应该不是我自己所造就的未来。我希望未来是我自己可以控制、可以改变的一件事情。但是如果让我直接穿越到未来，这会让我感到乏味。未来其实是通过现在一天一天的经历形成的，这样慢慢从现在过渡到未

来，每一件事都是我自己可以控制的。

华波波：我更想去未来，因为我觉得，人会有变化。比如说，我找了一个女朋友，我们结婚之后，她的态度、脾气、性格如果有变化，我们可能就会每天都吵架。如果我们真的每天都吵架，每天都过得很不愉快的话，就有可能导致我们离婚。因为伊朗是比较传统的国家，所以在伊朗离婚不是什么好事。如果我去了未来，可以提前预知到我们今后相处的状态，我就可以考虑我们现在到底要不要结婚。伊朗有一句老话，大概意思就是“丑话放前头”，如果你知道这事情的未来肯定不是很好的话，那就干脆不要开始。就好比是先做好朋友，到后来吵架、打架，弄得很尴尬，倒不如先吵架、打架，再做好朋友。我想去未来的另外一个原因是，我想先去看看我的职业适不适合我。比如说，我现在做艺人，但其实在未来艺人这个职业并不适合我，那么我现在就可以直接把时间和经历花在别的方面，过去是我们没办法改变的，但是我们可以改变未来的事情。

一之濑：如果我有时光机的话，我应该是想回到过去的。因为，现在我的中文很烂的原因就是小的时候没有好好努力去学习。我小时候不喜欢学习，现在长大了，才知道学习的重要性。我超级缺乏注意力，而且因为小时候没认真学习，我在历史、社会学，还有语言等方面都有很多不足之处。所以，我想回到过去，告诉曾经的自己，一定要好好地学习。还有回到过去的话，我还想学习关于艺术方面的事物，比如学习钢琴、唱歌、跳舞等。小时候，我姐姐就参加了很多的兴趣班，而我一个兴趣班都没有参加。如果那时候我去学习这些的话，也不至于现在再去学习这些而显得有些吃力。

钱多多：我不想去未来，因为我怕在未来看到自己已经死了，所以我选择回到过去。如果能回到过去，我应该有能力去阻止父母去世。如果能回到过去，我要告诉曾经的自己要懂得学会拒绝，要告诉曾经的自己，不要勉强去做那些超出自己能力范围之外的事情，无论是对自己，还是对周围的家人、朋友，都要有一个底线。如果我能改变这两件事情，我一定会很幸福。因为，当事情超过自己的承受能力，人一定会爆炸。另外，我还有一个想法：如果回到过去，我希望可以有亲的兄弟姐妹。

吕锐：其实，我会选择回到过去。这样说吧，我这一生很多时候，人家见到我，都是打负分的，因为很多人觉得我看起来比较“不稳重”。我很喜欢开玩笑，是个乐观的人，但并不是每一个人都会接受这样的乐观。就像是我最近在拍戏，也因为这样的性格产生了很多误会。拍戏是一个很辛苦的过程，我希望大家都能在一个轻松的环境里工作，所以会经常和别人开玩笑或是说加油。只是，我这样的行为在有些人眼里就变成了“工作不认真”“态度有问题”“你以为你是谁，随便和别人说加油”。所以，如果我能够回到过去，我一定会和曾经的自己说：不要那么天真，首先要学会保护自己，将自己的表达能力变得更好。无论是做人还是做事，都是一门深奥的学问，想得不够深入会使得自己变得很辛苦。哪怕将来去教育我的孩子，我也会好好告诉孩子，不要太过天真，一定要分清楚什么样的情况下能做什么样的事情。我觉得在与人的交往中应该心存善意，只是在保留这份善意的同时，也要学会审时度势，让自己能和周围人以一种舒服的方式去交往。还有，如果能够回到过去，我也想要改善父母的关系。因为，我是在单亲家庭中长大的，我觉得对于小孩在一个完整的家庭中成长会更好一些。我所说的完整并不是简单的有爸爸和妈妈，更多的是家人在情感上的平衡，有什么样的事情大家一起解决。孩子看到的，应该是正面的东西，应该让他们在父母的身上感受到关心和爱。回到过去的话，我想让我的父母放声说出自己心里的想法，不要吝啬自己温暖的话语。我们老一辈的父母都习惯了把自己的想法藏于心中，太过于遵守原则，不懂得去表达自己的真实想法。对于一个家庭来说，无论是父母还是孩子，懂得与家人沟通，其实是每个人都需要学会的事情。

你希望陪你一起度过三餐四季的另一半是什么样的？

小贝：我认为在我的生活当中是不能缺少幽默的，所以我觉得另一半不可缺少的一个部分就是幽默，就是那种可以让我笑到肚子疼的幽默，还有可以跟我斗嘴、调侃的那种幽默。但是，一定要把握住这个幽默的度，当然也要懂得区分场合，所以，她一定是情商很高、言语很幽默、脑子也转得比较快的人。还有一点就是，我希望另一半可以擅长音乐方面的技能，因为我很喜欢音乐，我觉得两个人在家，可以弹弹琴，唱唱歌，这种感觉很不错，很温馨。这两个方面都是我比较看重的，但音乐这个方面，算是一个附加条件吧，它并不是个扣分项。也就是这个人如果很幽默，还会音乐，我会觉得更好。

OO：我小时候一直觉得我的另一半要和我一样，要跟我是同行，包括性格和为人处世之类的。我大概会找个跟我很像的人。年纪越来越大了之后，我渐渐发现，其实我们适合的对象应该是个可以弥补我们弱点的人。比如说，我这个人其实不太会和别人打交道，因为我说话太直了，我的心情就写在我的脸上，我也控制不了自己的情绪。在谈生意或者在工作的某些时候，我的这个性格就很容易影响到别人。所以，其实我的另一半能在我这些比较弱的地方来弥补一下，我们两个一定会过得好很多。很多年轻人都觉得，应该找个和自己脾气、性格、喜好都很像的人，但其实找一个跟自己互补的人，更容易走下去。

宁大人：我觉得我的要求其实还挺多的。第一个标准，也是最重要的一个点是，我的另一半一定要对她自己的家人好。我的想法是，如果我们一起生活，将来一定会有孩子的，如果我们的孩子长大后看到他的妈妈对他妈妈的父母不是太好，那我们的孩子一定会觉得，也没有必要对我们好，所以我们要做一个榜样。第二个标准是，她的年纪不能和我相差太多，最好大不要超过 3 岁，小不要小过 5 岁。第三个标准是，我觉得结婚并不应该是百分之百凭爱情去结的。爱情会慢慢变得越来越淡，当爱情消失之后，你只能看你们两个人还有什么共同的东西留在身边。所以我觉得，我的另一半的生活要求或者梦想，不能和我有太大的差别。比如，十年二十年之后我们的生活会达到什么水平，我们能过上什么样的日子，必须是差不多的，这样两个人才能达成共识，得到真正的幸福。我打个比方，两个人，一个人只想赚钱，另一个人想要一个稳定的家庭，这样两个人结婚之后也许不会幸福。因为，一个人只想着赚钱，他就会把重心都放在工作或者怎么去赚钱上，就不会有很多的时间来关注家庭，他觉得我能给妻子花钱就是给了她一个稳定的生活。但其实他妻子并不是这么想的，他妻子的想法是，自己的丈夫应该经常在家，家人在一起才是稳定，如果这样下去的话，这两个人早晚会有一个会很不高兴，所以我觉得还是要找一个跟自己三观相同、各方面想法都很一致的女生一起生活才行。还有一个标准就是，我虽然不会把外表当成重要的标准，但是外表其实也还是挺重要的。而且，另一半的性格也要好。我不太喜欢没脾气的女孩子，我需要有人来管着我，没有人管着我的话，我可能会“走歪”，所以我希望我的另一半最好强势一些。

/ **帅波波：** 我觉得，第一个就是要像我一样吃不胖，她必须要是个勇敢的吃货，敢于尝试不同的食物。因为我是这样的一个人，所以我也希望我的另一半能够像我一样，敢于尝试不同的美食。性格方面的话，我希望我的另一半是一个有自己主见的人，不会把自己的想法强加到别人身上，也不会只知道忍让而放弃自我。如果觉得哪里不舒服一定要说出来。有很多人自己心里不舒服，但是不愿意去跟别人沟通，就造成了自己的问题越来越严重。所以，我希望我的另一半是一个懂得和人沟通，并能够将自己的情绪告知别人的人。当然了，在我看来，我希望自己和另一半的相处模式是我们两个人商量着来，是那种互相尊重和懂得协调双方想法的模式。而不是对方一直听从我的想法，或者要求我去一直听从对方的想法。除此之外，我也希望我的另一半是一个有自己目标的独立的人。

米可： 我想我应该是现在正在交往的恋人。我现在在米兰工作，而我的恋人在另外一个城市工作，我们只有周末的时候才能见面。我和我现在喜欢的人相处的感觉，

怎么说呢？就是，我在工作上会遇到一些问题，觉得有压力很大的时候，只要我喜欢的那个人在我身边，我就会觉得很轻松、很安逸，好像什么烦恼都没有了。我喜欢的人是个幽默、风趣又常常会给我惊喜的人。比如，她会突然出现在我家楼下拿着亲自做好的美味食物等我，又或者时不时地送我礼物，因为觉得那些东西会是我喜欢的，而不是因为某个节日或者生日。这些平淡生活里一个又一个的小惊喜、小确幸，让我觉得能和这样的人在一起是一种温暖的幸福。

穆小龙：那应该就是我的未婚妻了。她年龄比较小，她属狗，我属龙，她比我小6岁。但是她思想很成熟，而且长得很好看。她不会有很多要求，不会挑刺儿，也没有什么烦人的毛病。她很喜欢讨论问题、解决问题，这样的我们相处起来真的很和谐。我感觉我们灵魂的契合度很高，我们思想上很相似，三观也很相似，这些都是我们在一起相处很重要的条件。

如果你想出门度假，是选择经常和朋友去的熟悉的地方，还是那些未曾踏足过的地方？目前有没有想去的地方？为什么？

一之濑：因为平时我没有工作的时候都宅在家里，没有什么旅行的机会，如果真说想去什么地方的话，应该就是美国的夏威夷。我宅在家的时候总是习惯刷朋友圈，看到大家在晒照片，还是会有些羡慕。夏威夷的阳光、海滩对我来说还是挺有吸引力的。

YOYO：我会选择没有去过的地方。原因很简单，对我来讲，旅游是通过体验当地习俗和品尝当地美食来了解当地的文化，从而让自己有一些新的体会的过程。所以我觉得，跟朋友去一些比较熟悉的地方应该不算是旅游。我现在想去的地方是印度，这是我姨夫给我推荐的地方。我想去印度的原因是，印度是一个宗教氛围很浓郁的国家，这是和日本完全不同的，所以我挺想去看看。大家对于印度的印象主要还停留在那边的贫富差异特别大、环境很差上。我周围的朋友去印度回来之后给我的反馈差别很大，不是觉得特别好，就是觉得特别差。我想对这个评价两极化的国家好好一探究竟。在我看来，神秘又充满宗教和历史背景的国家，是挺值得我去亲自体会一番的。

/ **天乐：**我应该会选择去没有去过的地方。我觉得和朋友去没有去过的地方会是一个新的记忆。但实际上，去什么样的地方旅行并不重要，重要的是我能够和志同道合的朋友去旅行，这是我很在意的地方。目前我特别想去意大利旅行。在我很小的时候读过很多关于意大利历史的书，我觉得那是个宗教文化很浓郁且拥有丰富古文明的国家，在那个地方有很多漂亮教堂，我如果能够去到那些教堂，应该会很开心的。

左右：我应该会选择去没有去过的地方。我个人很喜欢体验新的东西，怎么说呢……就是我的国家有一句话：你的脑子和跳伞是一样的，当它们都是开着的时候，你就可以用了。人应该去新的国家体验新的文化、新的东西，这样会使人的思维更加开阔，会让我们懂得站在新的角度去看待这个世界。比如，我现在在埃及，这是我第二次来埃及度假，我开始学习新的语言和文化。因为我的工作是演员，平时工作的时候，大多是集中几个月进行拍摄和创作，所以我在不工作的时候会选择以度假的方式来放松自己。度假的时间通常是一个月左右。埃及是我这么多度过假的地方里唯一一个会再次到来的地方，因为在这个国度里我会时常获得新的启发。我想这也是它的魅力所在，让我有不断想来这里游玩和学习的想法。

唐小强：我特别想去汤加王国，因为汤加王国很少有外来的旅客，那里的自然环境很美，没有被人为破坏，那里的景色和海里的生物群都是别的地方见不到的。那里有世界上最大的鱼。七八月的时候，可以在汤加跟这些鱼一起游泳，这种感觉很特别。但是汤加实在是太远了，我想找一个比较长的假期，好好地去体会一下。我很喜欢那种很少有人去的地方或者很偏远的、比较小众的地方，比如地球的最东边、最西边、最南边、最北边这种。就像纽约、曼谷这些地方，大家都去过了，我就不太会选择。我还是更喜欢纯自然景观，喜欢那些没什么现代感的地方。

如果现在有两种生活，一种生活充满了跌宕起伏，让你体验过巨大的成功，也感受过痛苦的挫折；另一种生活平淡安稳，没有起伏波澜，你会选哪一个？为什么？

华波波：我会选前者，因为我觉得生活就像海一样，海并不是每一天都很平静的，有时候会下雨，有时候会有台风，但是风雨过去之后，我们就会看见彩虹。所以我觉得，人不能每天都生活得很平稳，还是有些波折会更好。它们虽然会痛苦，但对我的成长会有帮助。而且人在有困难、很痛苦的时候，才会发现身边真正的朋友是谁，以及你的敌人是谁——你开心的时候大家都愿意跟你做朋友，但你痛苦的时候未必会有人愿意陪着你痛苦。我们常说，有福同享，有难同当，恰好这种时候其实也是对我周围的人的一种考验。

小贝：我应该会选择前者。虽然还没有到这个程度，但我感觉我现在的生活有点儿像前者。只有你经历了那些不太好的事情，才会更加珍惜这些好的事情，而且这些好的事情才会更突出。可能很多人都会这样说，而我觉得事实真的就是这个样子。比如说，我们把好的事情算作一级，坏的事情算作负三级，它们之间相差了四级，所以你就会觉得，虽然只有一级，但是很好。而在这之前你只会站在你的位置去思考问题，你不会感到自己现在已经很开心了，希望以后会更开心。大多数人都只会说，我现在不开心，希望能变得开心。我的意思就是，只要有一个往上升的变化，你就会有动力，你就会很珍惜，觉得很特别，很享受这样一个过程。生活如果很单调、很单一，反而不太适合我的生活节奏。我需要那些起伏波浪，需要生活中的那些断断续续的逗号和句号来点缀。正是因为我需要这样的东西，我才会去珍惜那些好的事情。而且，这也算是我生活中的一个动力，有了这些起伏波折我才会向着那些更加美好的目标去冲。

/ **功必扬：**我会选前者。即使过程充满痛苦，但是成功对于我来说是很重要的，就像我的名字里有一个“功”字。现在的我，也是经历了很多痛苦与波折之后才渐渐变得越来越好。对于后者来说，平淡的生活可以让我在这期间悟出很多的道理，但是日复一日的这样生活，就会显得很无聊，就好比将来如果拍一部关于我人生的电影，如果是这样平淡的生活，那么这部电影就只剩下思想，而没有什么有趣的内容，这并不是我希望看到的。

OO：我选第一种啊。我觉得，如果我要选第二个的话，就留在缅甸当和尚好了——不用交房租，不用赚钱，也不用买东西，每天穿着和尚的衣服，吃饭也会由寺庙帮你安排，你出门收捐款就行，什么都不用做。那样的生活虽然很稳定，但是我觉得人生对我来说其实很短很短，所以我希望我活着的时候可以看到很多东西，学到很多东西，实践过很多东西，我身故之后，可以留下很多能让别人记住我的东西。我喜欢不停地改变，让自己越变越好。如果只经历平淡的生活，是不会进步的。人只有在经历一些痛苦、困难之后，才能学会想办法解决问题，才会进步，我觉得这是人生一个很重要的部分。痛苦和失败都是自然的，没有痛苦，没有失败，人生又怎么会往前走呢。

唐小强：我选择第一种。我觉得人生就应该是不停地遇到困难和痛苦，然后成功去解决这些困难和痛苦的过程。有一句话说的是"What doesn't kill you, it makes you stronger"，意思是说，没能杀死你的东西，只会让你更强大。我很喜欢这种感觉，我能看到这些东西使我成功。我不喜欢过和别人一样的生活。比如说，很多人都说 Michael Jordan 喜欢这个帽子，我就去买这个帽子，Lady Gaga 喜欢这个鞋子，我就去买这个鞋子。我很不喜欢这样做，我不喜欢同样的地方，同样的事情，我只希望可以有一些不一样的事情来做。就像我说的大家都去泰国，都去纽约，都去伦敦，那我也去，就和大家一样了。我更希望的是可以去那些大家都没去过的地方，和大家都不一样。我的生活理念是，希望可以选择跟大家不一样的生活状态，哪怕这种选择需要付出一些代价，我也希望我的生活可以有一些起伏波澜，过和大家都不一样的日子。

对于曾经出现在你生命里的那些人，你觉得你有没有影响过他们，或者被他们影响？

吕锐：我要说的是我的父亲，我的很多思想和行为都会受到父亲的影响。如果说人生是一幢大楼，那么我的父亲就是我这幢人生大楼的基石。我父亲的工作是“风水师”和“命理师”，他的工作要面对很多人，通常这些人都是生活中出了问题的人，例如家庭问题、工作问题等。换一个角度来看，父亲的职业更像是一个人生的心理辅导师。父亲教导我，人应该要知道自己的本分是什么，然后做好自己。在这个社会里，每个人都有不同的社会角色，无论你是孩子、男朋友还是演员，抑或是其他，都应遵守自己所处位置的本分。我看到有很多有心理隐患的人以各种不健康的形式去发泄，比如酗酒、网上发泄语言暴力等。他们应该用健康的方式去发泄，比如运动、学习新的技能等。我其实是相信“因果”的，我父亲是做“风水命理师”的，所以我觉得，人做出多少努力，老天就会给出多少回报，存好心，做善事，遵守自己的本分，这样就可以了。

穆小龙：我觉得，每一个出现在我生命中的人都会影响我，或者被我影响。比较特别的，应该是我的未婚妻。我来自埃及，埃及是一个比较传统的地方。我现在 30 岁。因为大家的思想比较传统，所以家人一直在催我结婚，大概从五六年前开始就在催了。家里人也会想办法给我介绍女朋友，在这个过程中，我也遇到过一些人，我们也有约会，但是我总是觉得没感觉。我对我现在的未婚妻是一见钟情，我们也坚持了一年的异地恋，确定了彼此都是对的人，所以就赶紧订婚了。这个人让我感觉就像是命运般地相遇。你知道，因为人年龄越大就越不相信爱情，年龄越大心里就越会有觉得找个差不多的人就得了的想法，也因此不会那么快就去爱一个人，不像年轻的时候，对爱情还有执着。我觉得在我 30 岁的时候还能遇上对的人，真的很不容易。

宁大人：我要说的是我的一个朋友，他叫李潇，他是我第一个中国朋友。我们应该算是互相影响。要是没遇到他，肯定不会有现在的我。我觉得，对他来说应该也是这样的。我刚到中国的时候认识的他，那是在海口的时候，他很喜欢玩滑板，还喜欢打篮球，我也是。那时候，我还不会讲中文，他也不会说英语，我们完全是通过共同爱好认识的。然后他开始慢慢学英语，我也开始慢慢学中文，之后我们就开始交流起来了。大概是在我们认识的第三年，他那时候读大学，我还在读高中，他跟我说他很不开心，压力很大，因为他在学的专业不是他喜欢的专业。他喜欢画画，而且画得很好，但是他学的是雕塑，这个专业不是他自己想要选的，他很怕他不能毕业，也不知道怎么跟他妈妈说。那时候他压力很大，这甚至影响到了他的身体健康状况。他很想去做文身师，又没法跟父母讲。他的父母都是比较成功的人士，他觉得跟父母讲自己要去做文身，父母肯定会反对。后来我就跟他讲，这个工作是你自己要做一辈子的，而并不是你的父母要替你去做的。你的父母也年轻过，他们也做了自己的选择，现在轮到你了，你要选一个真的能让你开心的工作，然后抓紧时间去学，去做。因为，之后的人生中，是你一个人在做，你的爸妈不可能帮你工作。后来他就去买了文身的设备，慢慢开始学习，慢慢开始做文身这一行，现在他有了自己的店，做了老板，生活得很开心，也找到了自己生命中的另一半，还有了孩子，很幸福。我觉得正是因为我当时跟他讲了那些话，对他产生了一些影响。

一之濑：我刚刚做主播的时候，被邀请去参加一个漫展。那时候能被邀请，我觉得很开心，所以，我在我的视频里给大家宣传了很多天这个漫展。我希望大家可以到漫展来看我，但是在漫展当天，只有两三个粉丝来看我，我看到别的被邀请的主播都有很多粉丝来看他们时，说实话那种感觉又羡慕又失落。漫展过后，我在直播间就说了“漫展没有什么粉丝来看我”之类的话。结果，那个曾经来看我的粉丝很难过，她和我说哪怕别的主播有很多粉丝，你也不要因此而放弃自己，因为只要坚持走自己的路，总有一天会成功的。也是因为粉丝的这句话，我一直坚持做自己，慢慢地，我的粉丝也渐渐多了起来，人气也比从前高了许多。所以，很谢谢当初那个在我还是寂寂无名的主播时来漫展看我的粉丝。

/ **钟逸伦：**当然有，是我的爸爸。我爸爸和我妈妈完全不一样，我的基因大概

更多遗传我妈妈，所以我会有和妈妈一样的焦虑。我爸爸对生活和人生的心态是很值得我学习的，爸爸教会了我生活，因为爸爸的生活很合理，他主张不需要担心小事，所有的问题都要从更大的角度去看。我小时候如果做错了事，妈妈会骂我，我自己也会因此感到焦虑。而我爸爸的意思则是不要让情绪影响了自己的理智，虽然今天发生的事不是什么好事，但生活还是美好的，如果被这件事影响了心态，那么这件小事可能就会变成大事。这个道理听上去很简单，但是做起来真的很难，所以很多人才会发脾气，对生活不满意。我觉得不需要太在意别人的看法，只要自己对自己做的事满意，开心就好。我们的生活会面对各种压力，如工作、学习或是其他。大部分人的本能都是会攀比，会嫉妒。而爸爸教会了我：自身价值不应该来自于和别人的攀比，不需要去迎合别人，更不需要别人的认可，通过自己的努力，让自己满意，就是实现了自我价值。如果你总是攀比、嫉妒，这样不会让自己开心，因为总会有人比自己强。我小时候，我的外公也是一个比较严格的人，总喜欢问我是不是学校里最好的，所以导致我在这方面也有焦虑，总是希望自己能够完美。但是，其实我真的做不到完美的程度，所以这就导致了我的心态会发生变化，感到压力很大，结果也会变得更加糟糕。直到现在，我都是按照爸爸的方式生活，这让我感觉生活很美好。情绪化会使我们选择片面地看问题，所以我们要理智地去看问题，最终会得到一个最棒的结果。

/ 天乐：我要说的是我妈妈，因为在我小的时候，妈妈一个人独自抚养哥哥、姐姐和我三个小孩子，她一直很努力地赚钱来供我们读书，供我们吃穿。曾经，爸爸对妈妈很不好，但妈妈并没有因此而满腹抱怨，而是教导我们要以宽容的心去对待别人，即使生活予以我们很多挫折，我们也要坦然地用怀有善意和快乐的心去面对。所以，从那时起我就想成为妈妈那样善良而努力的人。我妈妈现在在加拿大找到了工作，但是她的工作很辛苦，每天都很晚回家，她即使很疲惫也还那么努力地工作、会微笑着面对一切的样子，让我很有力量。

阮奕信：我想说的也是我妈妈，我的性格的各个方面都受到了妈妈的影响。我妈妈其实是一个很严肃的人，她时常告诉我应该多做运动，多吃健康的食物，以及合理地安排自己的时间，她还为我展示了一个健康高效的生活方式应该是什么样的，所以，我也时常像她教导我的那样去多做运动，吃健康的食物，以及合理安排自己的时间。我性格的很多特征都是被妈妈这样潜移默化地影响着并逐渐形成的。我的姥爷是一个比妈妈还要严肃的人。我妈妈曾经告诉我一个她小时候的故事，妈妈小时候很喜欢滑雪，但有一次妈妈滑雪因遇到事故而受了很重的伤，所以她对滑雪产生了抵触心理，不敢再去滑雪，但是我的姥爷认为，不应因害怕而放弃滑雪，所以他告诉妈妈，战胜心中害怕的方法是要懂得如何坦然地迎接挑战，而非逃避。那次妈妈重新站在滑雪场去尝试滑雪，结果并没有想象的那么可怕，妈妈也没有因为从前的事故而放弃滑雪，反而滑得越来越好。妈妈的这件事其实对我来说触动挺大，让我懂得了如何克服困难，如何面对挑战，而非第一时间选择放弃。

OO：其实我不太会被别人影响，我就喜欢做我自己喜欢的东西，我也不太喜欢听别人教我做什么。从小时候开始，我妈妈就希望我能去读医科。她和一般的亚洲妈妈一样，希望我以后可以有一个体面的工作。但我后来还是去学了服装设计，虽然家里的人都很反对。开始做服装设计以后，我进入了一家很大的服装公司，我在大公司工作的时候，我对一位领导非常地尊重，我认识他的时候，他已经有 70 多岁了，他依旧每天都坚持晨跑，很有活力。他为工作付出了很多心血，但是他的生活并没有被工作影响到。我从他身上受到了很大启发：想要做好一件事情就要懂得坚持，不能遇到问题后就选择放弃。关于我影响别人的一件事是，通过节目或者其他途径，在网络上认识我的人越来越多，大部分都是年轻人，这些年轻人大部分也都是在上大学。我经常会收到一些私信，大概内容就是，因为我，他们很想去学服装设计。这时我就会跟他们说，不要因为我，你们才选择做服装行业。其实，服装行业从外表看跟从行业内部去看是很不一样的，服装行业做的其实就是一个外表的包装，我们不可能把我们最辛苦的一面展现给大家看，到最后给大家呈现的都是完整漂亮的成品，是那些已经陈列好的，经过层层筛选，花费了很多心血才完成的设计作品。其实，服装这个东西会影响到很多年轻人，他们会觉得，这些服装设计师每天都能经手那么多好看的东西，能有机会看到那么多好看的东西，并且生活得很好，这让我觉得作为一个服装设计师，我影响到了很多年轻人。但我还是觉得，如果他们不是真的喜欢服装这一行的话，还是不要因为只看到这一行光鲜的表面，就去选择这一行。因为这一行真的要喜欢，真的要能吃得了苦，也真的需要有才华。时装这种东西就像一个外表浮华的梦一样，它实际上并没有像表面那么好。最可靠的方式还是要选择你喜欢又适合你的事情去做，要多去尝试，不要害怕。我从高中开始就让自己什么都去试一下。我常说，自己也不知道自己喜欢什么东西，可是胆子不能小，不要去害怕做不成，这不是问题。虽然别人可能会嘲笑你，但你还年轻，大家会原谅你的错误。如果你年纪大了，你有了自己的家庭，你的责任感就会变强，就更不敢去尝试，因为那时你会害怕失败会影响到你身边的人。其实这就跟试菜一样，这道菜没有吃过，尝了才会知道好不好吃，不好吃以后就不再吃了。但是，没吃过的菜连试都不愿意试，我觉得这个不行。

你有没有从小特别喜欢的人物形象，无论是二次元的人物还是三次元的真人？

罗狮杰： 我从小最喜欢的人是詹姆斯。我最开始喜欢他是因为他打球打得特别好，但是随着我越来越关注他，我发现他的魅力不仅限于打球，应该说，他是一个很有人格魅力的人。比如说，他从小是在单亲家庭中长大的，他好像没有见过自己的父亲。但是，他并不会因为自己在单亲家庭中长大而有过自卑，反而是靠着自己的努力一步一步变成那么厉害的球员。还有他在成功之后，赚了很多钱，并将自己的钱拿出来做公益、慈善。在他自己的家乡，詹姆斯家庭基金会跟阿克伦大学合作，将为符合申请要求的学生提供四年的奖学金，这是詹姆斯的“我保证”项目。如果你在这个城市上了公立学校，并在大四毕业的时候，按照要求把其中的学分修够的话，那么你的学费是全免的。他做这样的公益是因为他觉得自己小的时候没有这样的机会，所以他希望自己可以给像他这样的孩子一些机会。我觉得他这种为社会服务的精神是很难得的。而且，在这个球队打球的运动员当中，他是非常优秀的，在各个方面都是。

阮奕信： 我喜欢《死亡笔记》里的夜神月。他是一个亦正亦邪的人物，他有自己的一套善恶观，他会用自己的方式来面对这个世界的“恶”。他各个方面都很厉害，即使最后他变得有些偏执，有些复杂，但我还是很喜欢这样的一个人物。

/ 功必扬： 我总是对比我年龄小些的人喜爱的事物比较感兴趣。就好比我上高中的时候，我会跟我还在上小学的弟弟一起看他看的动画片。直到现在我都还是挺喜欢富有童趣的东西。对我来说并没有一个特定的角色。我是陪伴我弟弟长大的，所以我觉得我是有两个童年的人，我自己的童年和我弟弟的童年。年龄并没有限制我看动画片的眼界，相反，我现在既可以看《Power Rangers》（《超能战士》）那种 20 世纪 80 年代末 90 年代初真人扮

演“五毛特效”的片子，也可以和我弟弟一起看他那时看的动画片。我之前看《寻梦环游记》看了两遍，两遍都哭得不行。其实我是一个比较感性的人，无论我现在变得多么成熟，但我觉得，在我的内心深处一直有一个小孩子存在。

米可：我喜欢《七龙珠》里的孙悟空。我记得我小的时候一到放学，就会抓紧时间跑回家去看电视，那时候不像现在网络上什么都可以看到，动画片的话就只是在电视上放（意大利语）。那时候最期待的就是看动画片的时候。我觉得孙悟空不只是一个动漫人物，他更像是我童年的一个伙伴，伴随着我慢慢长大。我觉得动画片里的孙悟空是一个很善良、对身边的朋友很讲义气、也很懂得尊重老人的人，我很喜欢他身上所具备的特质。

一之濑：我喜欢哆啦 A 梦，它很可爱又很万能。小时候不想写作业时，就特希望能够有一个哆啦 A 梦来帮我写作业。而且，它的万能口袋里可以拿出各种各样好玩又神奇的东西，比如任意门、记忆面包、心情药水等。我觉得很有意思，很好玩。直到现在，我都在看哆啦 A 梦的动漫和买一些相关产品。

YOYO：我喜欢面包超人，它是一个动漫卡通人物。因为小时候看动漫有很多选择，面包超人在日本也很受欢迎，所以我特别喜欢他。我觉得，面包超人的形象是个面包，这很接地气，他里面的馅是红豆的，他虽然是个面包，但他是个英雄，还是个很善良的英雄。我感觉，其实英雄是离我很遥远的一个存在，但面包英雄的形象是个面包，又让我觉得这个英雄离我很近。面包超人还有一个行为让我很感动：他每次遇到肚子饿的老百姓，就会把它自己的面包给他们，其实也就是他脸的一部分。这个行为我很感动。

钱多多：我很喜欢 Michael Jackson。MJ 是在美国出道的，又是黑人。当时的社会大环境对黑人的“偏见”还是很严重的，可他依旧坚持了自己的梦想。MJ 一直努力，没有退缩过，这种精神就是我想向他要学习的。MJ 是我从小到大唯一喜欢的人，没人能超越 MJ。我喜欢 MJ 的原因还有一个，是希望自己可以成为世界上独一无二的人。我不喜欢模仿，我只喜欢创造奇迹。没有人可以模仿得了 MJ，无论是舞台风格还是舞蹈动作，MJ 就是这个世界上独一无二。其实我的风格就挺独一无二，穿衣风格、笑的样子，别人都模仿不来。

有没有哪道菜会勾起你独特回忆？

宁大人： 其实也不能算是一道菜，只是一条口香糖，类似于绿箭的那种。我每次吃到它的时候，总能想到我第一次跟我初恋接吻的情景。那时候我们一起去了一个河边公园。因为其实我早就已经打定主意今天要把她抱住，跟她接吻，可是我又害怕自己口臭，所以就买了一条口香糖。但是，我可能因为压力有点大，很紧张，所以我把一包里的五条口香糖都吃了。那么多口香糖在嘴里咀嚼成一个很大的球的样子，因为我真的特别怕我口臭。这是我的初吻，所以我压力真的很大，整个人都在发抖。所以，现在我每次吃到口香糖都会想起那个时候，然后就会像个傻子一样笑出来。这真的很难忘。

小贝： 就我个人来说，应该是天妇罗加荞麦凉面。因为我从出生一直到 7 岁，都是在日本长大的。那时候我们去吃饭，我都会点这个吃。我根本不会看菜单，我都会直接点，因为这是我最喜欢吃的。但是现在，不会常吃，因为现在主要是在中国，我自己也很喜欢一些别的日料，所以不经常点这个了。不过，如果点了的话，就算味道很一般，我还是会有一种特殊的感觉，就会想起小时候在日本的一些童年的回忆，感觉很特别。这个东西不单单是一道菜，还是我的回忆。

帅波波： 烤脑花。因为我奶奶是意大利人，在我小的时候她会做意大利食物 Ravioli（脑花饺子）给我吃。那时候我不知道这个是什么东西，但是却很喜欢它像奶油一般的口感。我每次都很期待去奶奶家，因为可以吃到脑花饺子。所以在我来到中国之后，吃到烤脑花就会想起奶奶做的 Ravioli，只不过，我奶奶做的是不辣的，中国的烤脑花会有些辣，但是口感是一样的。除了这个之外，还有新疆的烤包子，它的样子很像我们南美洲的 Empanadas（肉馅卷饼），它们的口感和外形都还蛮像的，所以当我看到烤包子的时候，就会觉得很亲切。

华波波： 我记得我刚到中国的时候，一

PR07
美国/意大利
澳大利亚
PRO

杯珍珠奶茶才卖两块钱，现在可能要十块钱了吧。那个时候，每天下课之后，我都会去学校后门买一杯珍珠奶茶。而且那时候，我中文并不好，通过和大家一起喝珍珠奶茶的机会去跟同学聊天，这个珍珠奶茶已经成为我们每天的一个固定环节，我在路上和一些外国人聊天，慢慢也学会了中文。还有就是，在伊朗没有珍珠奶茶这个东西，所以我会觉得很稀奇，奶茶店里也总是放一些中文的歌。现在我喝到这个珍珠奶茶的时候，就总是会想起我那个时候的情景和一些老歌，很有意思。

罗狮杰：我现在每次吃红烧肉，都会想到我女朋友和她妈妈。我和未婚妻的妈妈第一次见面的时候，她就为我们准备了红烧肉，那味道超级棒。也就是在那天，我们聊了很多事情，整个过程非常愉快。这让我觉得，即使我是一个在中国留学的外国人，但我在这个国家是有“家”的，那种归属感是我很喜欢的。我现在无论在美国、中国、日本或是任何一个地方吃红烧肉，我都会想到我第一次在中国有这样一种归属感的情景。

唐小强：应该是西红柿炒鸡蛋吧。我刚来中国的时候很穷，那时候我吃饭不会去外面吃，都是在学校食堂吃。因为在学校吃饭，米饭是不要钱的。不过，吃米饭的话一定要配菜，可是学校卖的荤菜都会比较贵一些，所以我都是吃素菜。就比如西红柿炒鸡蛋、炒四季豆和土豆丝——那时候这几个菜是最便宜的。我上学的时候一个月两三百块钱，真的是很穷。所以，现在每次吃到西红柿炒鸡蛋的时候，我都会想起我的学生时代。我就会感谢老天，让我读完书找到了好的工作，能做成生意。我现在什么都能吃得到，却还是觉得食堂的西红柿炒鸡蛋最好吃，它虽然很便宜，但真的是什么高大上的餐厅都做不出来的味道。还有一道菜，是新疆大盘鸡。我很多年前去新疆旅游，在伊犁的时候，我们开车走了很远。伊犁那里真的是地广人稀，开车开很久都碰不到什么人和商家，我们开了一天车，已经很饿了，最后来到了伊犁一个小地方，在那里碰到了一个维吾尔族的老奶奶。老奶奶也不是很会说普通话，她问我饿不饿的时候，我其实不好意思跟她说我饿了，但是老奶奶可能看出来了。然后老奶奶就抓了一只土鸡，现宰了鸡做大盘鸡给我们吃，还亲手扯了面。老奶奶大概有 80 岁，但还是亲力亲为。她不富裕，但对我们很热情，说我们是老天爷带来的客人，招待我们吃住。我真的很感动，每次吃大盘鸡的时候，我都能想起去新疆旅游的这件事。我感觉中国各地的人都很热情善良，我在汕头、桂林还有很多地方，都碰到过热情好客、心地善良的人。

在异国他乡的哪一刻是你觉得快要坚持不下去的？你又是用什么方法坚持下去的？

功必扬： 我觉得我最孤独的时候是我独自住在西班牙的时候，那时候我刚刚失恋，觉得很孤独，也只交了一个朋友。虽然朋友会时常来看我，但大部分时间我还是孤独的。所以我选择搬回中国来，因为在中国我有很多的朋友，他们的存在让我觉得很安心，靠着他们的陪伴我才渐渐走出了之前的阴霾。

穆小龙： 我来中国之前其实并没有想好要做什么，我来中国差不多过了三个月，有人帮我介绍了工作，我就离开北京来到了廊坊的一个公司工作。公司当时许诺可以帮我办工作签证，但我到了这个公司之后，公司一直在说暂时还没有办法帮我办工作签证，也一直没有给我发工资。就这么坚持了三个月，最后公司倒闭了，我才发现一切都是骗局，我的工作签证没有拿到，工资也没有拿到。回到北京的时候，我已经身无分文了，当时就感觉快要坚持不下去了，想回埃及。但是我又想，我不能这样失败地回家呀，所以还是想要再努力坚持一下。于是，我就去找新的工作，寻找更多的机会。还好，我后来就找到了工作。所以当你想要放弃的时候，再坚持一下，说不定就会有转机。

米可： 我想应该是 2017 年 7 月的时候，那时候我要准备毕业论文，还要去公司实习和录节目。那时候我的导师经常和我说，如果不好好准备论文，就要再读一年研究生。可当时我还要去工作，每天至少工作十几个小时，是很辛苦的。虽然来录《非正式会谈》让我觉得很轻松，但在录节目之前也要提前找资料做下准备工作的。当时各种各样忙碌的事情充斥着我的生活，让我觉得压力很大。可即使压力再大，我也有自己的小方法让自己轻松下来，那就是做曾经我奶奶给我做的一种面包。我小时候有各种各样的作业，每当我不想做的时候，我奶奶就会做那种加了橄榄油和糖的面包。她说，如果我完成作业了，就把

面包当作奖励奖给我。我很喜欢吃奶奶做的这种面包，所以每当她用这个方法的时候，我的作业都完成得很快。现在，每当我觉得压力很大的时候，我就会做这种面包给自己，一是想起和奶奶一起的日子，二是鼓励自己不要放弃，一定要坚持下去。

钱多多：我在中国有段时间，感觉天都塌了，有很多事一瞬间都跑出来，包括在中国的生活以及尼日利亚的家庭的事。我感觉自己没做错什么，为什么突然就变成了这样？这种感觉不足以用委屈来形容。但是我经常跟自己对话，对自己说，“没关系，没什么大不了，一切都会好的。”让自己用乐观的心情来面对惨淡的人生，因为这样就一定会有更多的机会。我一路经历坎坷坚持到现在，我觉得我是优秀的。现在，尼日利亚大学给我颁发了奖项，同时，也得到了很多拍戏的机会，如果不是当初那么坚持，大概我早就离开中国了。其实在那段凄惨的日子里，已经决定去美国了，连手续都办完了，但睡醒之后又觉得，我为什么要离开中国呢？我不甘心向命运低头，我应该要扛住压力，去面对所有的困难。因为，熬过去就成功了呀。因为曾经的不放弃，让现在的我变得很成功，很开心。因为经历过苦难和低谷，所以我对现在的生活很满意。我感觉，遇到事情心态很重要，不管面对什么问题，都要保持好的心态，不然真的没法活下去了。现在，尽管一切还并不是那么完美，但我还是要坚持下去，好好地活着。快乐是自己给的。

/ **天乐：**应该是语言的问题。我虽然是印度人，但是在泰国出生和长大，所以我的英语也不好，印度语也不好，只会泰语。我第一次出国就是来中国，那个时候真的不知道该怎么和别人交流。我本身是一个很喜欢和别人沟通聊天的人，那时候的我却因为语言问题真的很难和别人交流，这让我觉得苦恼。所以，我下定决心要好好学些中文和英文，为了能和别人一起聊天。我觉得语言环境很重要，在我来加拿大之后，我的中文水平又有些退步了。于是，我就在健身房找到一个中国人想要练习中文，但没想到的是，他是一个不会讲中文的中国人，所以我就开始教他中文，也会推荐我们的节目给他看。

左右：大概是文化和语言上存在差异而被误解的时候吧。毕竟，中文或者阿拉伯语都不是我的母语，有时候和别人聊天，我不能像用母语表达那样顺畅地把我想要表达的事情讲出来。对方因为不理解我的想法，常常会说“左右怎么这么傻”，但实际上我并不是一个“傻瓜”，我和我的朋友用母语聊天的时候，他们都会赞叹我是一个聪明而幽默的人。当一个人会用两种以上语言的时候，对于别人非母语语言上的失误，会更加包容，因为他们了解用不同的语言（非母语）来交流并不是一件轻松的事情。但如果一个人只懂得一种语言（母语），他们对于讲第二语言的人就会产生不理解和开玩笑的想法。其实，大家只是所处的语言环境不同，不应该拿这样的事情来嘲笑别人。有时候不同的国家会出现行为习惯或文化上的差异，比如去医院的时候，他们让我去这里排队或者去那里排队，搞得我有些晕头转向。我同我的朋友说的时候发现他们也会遇到类似的事情，这时候我们就会选择用吐槽的方式来排解，或是做些家乡的食物，好让自己能够有家的感觉，也以此来消减因为文化差异所带来的不适感。我觉得无论是语言还是其他文化差异，大家应该用相互理解的方式来看待，而不是一味地嘲笑一方。大家只是所处的语言环境不同，并不存在谁对谁错，只是希望大家能够互相理解。在我看来，能够学习不同的新的文化，本身就是一种很勇敢且充满挑战的行为。

YOYO：这个时候你要先确定你来这个地方的目标是什么，确定好之后你要考虑你到底有没有达到你的这个目标。如果你没有达到这个目标，为什么要放弃和离开呢？一定要不忘初心，想放弃的时候就去想想这些。因为当时，我得了抑郁症，其实已经不是想不想离开中国的问题了。得了抑郁症之后，真的感觉什么都想放弃。但是，我还是考虑到了家里人，我不想让他们失望。还有就是，我还没有达到我的目标，我不能离开。我来中国是因为我的奶奶，因为奶奶身体不好，所以我一边在她身边照顾她，一边开始学习中文。在我学了四个月中文之后，我的奶奶跟我提出了一个请求，她希望我可以有一张大学的毕业证书。因为我之前在美国一所大学读书，但是中途退学了没有毕业证。我考虑之后决定选择在中国把大学上完。这样，可以更好地学习中文，把中文学好了，就能更好地和我的亲戚们交流和沟通，这样挺有成就感的。

阮奕信：大概是来北京的时候。虽然中国和法国有着很大的文化差异，但其实我小时候是住在香港的，中文也还可以，所以文化方面也还可以适应。如果真要说有什么无法

英国

适应的东西，应该就是北京冬天的雾霾。三年前，北京的雾霾还很严重。那时候，无论是室内还是室外，都是一片灰蒙蒙的样子。那一刻我有了想要逃离的感觉，所以那时候我飞到了东京。其实，我是一个不太喜欢长时间待在一个地方的人，无论是在法国还是在中国，超过六个月以上我就觉得应该换个环境了，所以我常常选择去旅行，也不是说非要到国外去，可能只是换个城市而已。前段时间我刚去了云南，那个地方很漂亮。经历一场旅行，会让我整个人变得轻松起来，也能让我更好地去迎接新的挑战。

有没有自己独门的“撩妹神技”？

小贝： 都说我唱歌比较有吸引力，大概是这个吧。不然就是互怼的方式，因为我和我的粉丝基本就是以相爱相杀这种方式来互动的，就是有的时候互怼也很撩人，有些人就真的会被这样的方式撩到，很可爱，很好玩。有些评论和私信里也会写到，我在节目里和别人互怼很有趣。反正，颜值和才华我都算有了，应该这都算是比较能吸引别人的方面吧。

宁大人： 我想说一件关于我初恋的事情。我记得那时候我们在准备期末考试，每天都在学习。这样子大概过了三个星期，大家的压力都很大，我的初恋也一样。她当时一定要拿到奖学金，我就想我应该帮她缓解一下压力。所以，我就提前准备了很大一捧玫瑰花，还有很多蜡烛，我在我们学习的那栋楼的楼顶用蜡烛摆了一颗心的形状，我初恋很喜欢吃沙县小吃里的花生酱拌面，所以那天我先带她去吃了。然后，就想带她去楼顶看看，她当时不想去，是我硬拉她上去的。我记得她上去的时候很不情愿，但下来以后很感动，我也很开心。

/ **帅波波：** 当然有啦。我会做玫瑰花饺子或者巧克力饺子给她吃，或者带她去吃一些比较有趣的食物，比如火锅。其实要看我与对方在饮食习惯上是否合适，如果对方是一个很讲究的人，那应该不太适合我，我属于比较随性的那种。其实我撩妹子的能力不是特别好，所以我还是单身。

华波波： 我个人吸引异性注意的方式大概就是用语言、魔术和段子打动对方。因为我会说很多地方的方言，比如上海话、东北话、广东话、河南话之类的。当我遇到一个女孩子，比如她是上海人，我会先假装我听不懂中文，跟她用英文交流。这时候，我可以听一听她和她朋友用上海话在聊什么，如果我感觉到她对我也有好感，我就会立刻换一个频道，忽然之间开始讲上海话，她就会惊呆了。这是一个很出其不意的方式。另外，我还会用一些魔术，或者好笑的段子。我觉得如果对方笑了，开心了，就没问题了。

/ **天乐：**土味情话。我觉得，讲土味情话会让人觉得很可爱。泰国人很喜欢土味情话，在泰国如果不会说土味情话，大家都会觉得你很无聊。我在节目上的那些土味情话，有一些是我自己想出来的，有一些是我们节目组的工作人员帮忙找的，很感谢他们的帮助。

/ **钟逸伦：**如果有的话，我就不会到现在还是“单身狗”。我现在还是单身，所以我其实也没什么特别的方式，就觉得唱歌、弹琴或者写一首歌给女生，应该就算是我撩妹的方法了。我去过很多国家，所以对很多地方比较熟悉，也知道很多事情。如果可以和另一半一起去旅行，应该会让对方觉得自己很博学，知道的事情很多。如果说最浪漫的旅行的话，我应该会带对方去自己长大的地方。那里有很多的水库，水库旁边不可以建房，因为这个湖是为人们提供干净的饮用水的，所以那里的自然景观保持得很好。我长大的小镇，就是这样的地方，水库旁边有一座桥，这座桥没有什么人去。我从小就在这个地方看风景，所以这里算是一个属于自己的秘密领地，我也会跟朋友一起来这里，分享一些烦恼或者开心的事情。现在我回纽约的话都会到这个地方去看看，所以我也想带对方去这里，去自己从小看风景的地方。这样可以让对方更加深入我的生活，让对方了解我从哪里来，我的过去是什么样的。这些东西虽然也可以口述给对方听，但是如果可以身临其境，对方一定也会更感动。不过我还是要先找到另一半，这个计划才能完成。我以前就想象过这样的情景，带对方到自己的秘密领地，分享一下自己从前的回忆。

在“非正”这个大家庭中，你更愿意变成（或欣赏）谁？为什么？

钟逸伦：我觉得做我自己挺开心的，但是如果一定要换，我想换成陈铭老师。因为我觉得即使换成另一个人，也要保持良好的思考能力。陈铭老师思考能力好、中文好，还有一个幸福的家庭。虽然可能现在我还年轻，并不太需要去建立家庭，但是再过几年，等我到了成家立业的年纪，还是很需要一个幸福的家庭的，所以做陈铭老师很好。以前，也想成为田原皓，因为上节目可以用到英国国旗。如果当时没有来中国，我现在应该已经有了英国的护照了。不过，在我看来英国护照不重要，在中国的经历才是重要的。

OO：我比较想变成杨迪，因为我最欣赏他。我觉得他特别幽默搞笑，他现在事业很成功，人也很红，但我在他身上没有看到一点点的骄傲自满。有时候，我能感觉到自己身上有一种架子，太装了，可能也是因为和时装行业有关系。所以我看到杨迪总会觉得很舒服，特别自然，很快乐，还会带给别人快乐。

功必扬：我很欣赏那些非常快乐、非常搞笑的人。在“非正”这个大家庭中，华波波、天乐还有杨迪，是我想要变成却无法变成的人。我无法达到他们那种好玩到没有偶像包袱的程度。虽然我的偶像包袱并不重，但要是完全做到他们那样搞笑，还有些困难，所以我觉得他们很厉害。

罗狮杰：我感觉做我自己就挺好啊。在“非正”这个大家庭中，大家都有很厉害的一面。比如说，萨沙长得好看，小贝的中文比我好很多，扬扬的字写得超好看，伦儿的歌唱得蛮不错的……总之，大家都有自己厉害的方面。虽然我长得不是那么好看，唱歌也不是那么好听，除了中文说得还可以之外，我没有像其他人那么厉害，可我有我最爱的人在我身边。曾经，我也有过陷入很大压力的时候，但我从来没想过脱离我自己而去变成什么人。对于现在的生活，我感到很满意。所以说，我觉得做我自己还是很开心的。

意大利

华波波：我觉得我的形象如果能变成米可那样就很好，因为很帅。但是，我的态度和性格不要变，还是像现在这样“神经病”，疯狂，被大家“歧视”，这些都是很好的。还有，我希望我有像阮奕信一样的腹肌，我现在也在努力减肥、锻炼，希望可以在第五季给大家秀一下我的锻炼成果。

吕锐：如果可以选择的话，我想要变成杨迪。在我看来，杨迪是一个靠着自己的努力和才华一步步从底层做到现在的国内一线主持人。他的态度，也是我很欣赏的地方。我是一个对态度有坚持的人，在我交往的人中，无论这个人有何种缺点，只要这个人有底线、有态度，我都愿意交往。我觉得，杨迪已经是这么成功的一个主持人，却从来没有要过一次大牌，这可以证明他是一个很谦虚、友善的人。尤其是，这次我自己的品牌需要推广，我去找他，他二话没说就答应了，还说会穿着我品牌的衣服去做节目，像他这样成功的人可以这样帮助我，让我真的很感动。我和他同样身处娱乐圈，对我来说，我能够有杨迪一半的成绩，我就心满意足了。我心里对成功的定义，就是能够坚持自己喜欢的事情，还可以赚一些钱，这对我来说就可以了。在马来西亚，很多人都知道我是《非正式会谈》的常驻代表，他们会跟我一起讨论节目，也常常会提到主席团里的副会长杨迪，大家对他的评价大多是“有趣”“好笑”。每当听到这样的评价，我都会很开心。同时，我还会和对方说，他真的是这样有趣又善良的人。我觉得能和杨迪做朋友并且一起工作，是一件很幸福的事情。

小贝：我比较想成为罗狮杰。其实我比较佩服他，因为他是一个很有目标的人，他知道自己想要的是什么，并且完全专注于他的目标，不会停下来，一直往自己的目标冲。因为这个原因，他现在已取得很多成就，非常成功。另外，我觉得他是个自由自在的人，他也很自信，不太在乎别人的眼光。他留长发，眉毛那么粗，他也不会在意——他不会过分关注自己的外貌，他这样的人，会更注重自己想要的东西，也更珍惜他认为重要的东西。而且他也很坦率，能认清现实，并且把现实很清楚地讲出来。他不会用花言巧语来装饰这件事，从不会让你失去对事物的认知。这些东西都加起来，让我觉得他是一个很自信、很有动力，活得很直爽、很快乐的人。如果能够变成这样的人，我会很开心。

唐小强：我想变成法国代表阮奕信。首先，他很帅，身材很好，气质很好，人也很好，阮奕信很低调，他从没有把自己的长相当作自己的一种优势，他也是一个很谦逊的人。华波波曾经说过一句话：“他的长相是我的梦想。”其实，这句话也是我想和阮奕信说的，所以我想变成他，成为一个既帅气又善良的人。

宁大人：应该是功必扬吧。我觉得功必扬是一个不顾一切去做自己想做的事的人。他想做什么就去做，不会考虑那么多。我总是考虑很多事情，因此思绪就会变得很乱。功必扬在生活中遇到事情，他不会去躲避。他也不太在意别人的看法——你喜欢我就喜欢，不喜欢就算了，自己开心才是最重要的。但是，这点我做不到，我觉得能让身边的人开心是最重要的，我希望大家都喜欢我。功必扬并不是一个喜怒形于色的人，他很成熟。对于我来说，我现在也在学习很多东西，有些很难，但对于他来说，都是轻轻松松的。

钱多多：我最想变成杨迪，因为杨迪很善良，并保持着自己的生活态度——别人喜不喜欢我都可以，那不是我的问题，我只要坚持活出自己的样子就是最好的。

/帅波波：我想应该是罗狮杰。他很高，我没有办法像他那么高。他学习很好，是一个学霸，又有对象，性格也特别好。他一直在做自己，我觉得这个想法很好，不用管别人想什么。

米可：我想说的是杨迪。我们之间可能最大的区别就是颜值了，毕竟我的脸还是挺完美的……在外貌这块，杨迪确实“差”了一些，不过他却并没有因为这个问题而放弃自己的演艺道路，相反，他是一个很努力、很上进的人，因为他的上进和努力，还有非常优秀的搞笑才华，让他变得这么成功，这一点我是很佩服的。其实，在这个世界上，很多时候还是看脸的，我就遇到过几次有的人因为颜值问题而在很多地方比别人要顺利许多的事。杨迪是一个很谦虚、幽默的人，无论别人怎么开他玩笑，他都会很友好、很善良地和别人回应，我觉得他是大家的“开心果”。我有时候比较害羞，不能像他那样幽默。所以我觉得，如果能够变成谁，我想会比较喜欢变成杨迪这样幽默而有趣的人。

YOYO：看到问题后，第一个想到的是大左。因为他的主持能力特别强，我如果能有他的主持水平，我做节目的时候就会游刃有余。他的主持能力真的很让我羡慕，所以我想变成他。而且他又跟我同岁，

这就让我更羡慕他了。如果是生活态度的话，我最羡慕的是功必扬。我觉得他很乐观，心态很好，而且他很清楚自己想要什么，执行力很强。

/ **天乐：** 我觉得“非正”的每一个人都很有特色，如果真的要选一个人的话，那就是小贝，因为小贝的中文很好。我来中国5年了，中文仍然不太好，而小贝是“汉语桥”的总冠军，我很佩服他。小贝是一个很快乐的人，脾气很好，对人友善。他以前住在加拿大，要时常飞回中国来录节目。这么远的行程，人应该会很累，但是他总是能以最饱满的状态去工作。他认真的态度让我觉得很棒，我很喜欢他这样的人。

左右： 我想应该是杨迪，我觉得他是一个很厉害的人。他其实从小就处在非普通话的

语言环境中，但是他的普通话讲得真的很好，而且别人开他玩笑，他也都能很轻松地应对，并且能够快速地反击，或者让这个玩笑变得更好笑。我刚参加这个节目的时候，其实是有点“玻璃心”，虽然现在好了很多，但是还不是能做到像杨迪那样好脾气。我学习了 14 年的表演，也在美国参加过综艺节目，只是美国的节目和中国的节目会有些不同。如果说我在美国的节目上是开别人玩笑的人，那么在中国的节目上可能就是被别人开玩笑的人。虽然我知道，那些开玩笑的人是在用一种他们觉得可以亲近别人的方式来亲近我，我也理解他们的好意，但我有时还是觉得心里不舒服。所以我想，能够像杨迪那样，对于周围人的玩笑接受度那么高，会变得更加活泼、开心。

穆小龙：我没有什么完全想变成的人，但是很多人身上都有独特的气质。比如说功必扬，他是个很洒脱的人，他经常出去旅游。他不在乎未来的事情，也不会在乎是不是把钱都花光了，只是在享受当下，这个我是做不到的，因为我感到我身上的责任很多，我会考虑很多事情，我的事业和家庭都会被我放在第一位，所以我没办法像功必扬一样自由自在地活着，虽然我很喜欢这样的生活方式，但是我真的做不到。

阮奕信：其实，我觉得“非正”的每一个人都有自己的优点，只是每个人的生活方式更适合他们本人，而不一定适合我。我知道我想要做什么，我的目标是怎么样的。我可能和其他人的目标不太一样，我会很尊重他们的选择，只是我更希望成为我自己。如果真的要选一个人的话，应该是唐小强。我不是说想要变成他，而是很欣赏和羡慕他的编程才能。他刚来到中国的时候语言不通，孤身一人在中国打拼，通过自己的努力和聪明才智取得了现在的成绩，这真的很厉害，这是让我很佩服的。

时光不老
我们不散！

Chapter Six

节目背后的趣事

INFORMAL TALKS

一次难忘的全球文化相对论

（导演：养乐多大帝）

第二季的一次录制，全球文化相对论的主题是“各国危险的食物”。YOYO介绍了河豚，田原皓介绍了苦艾酒，宋博宁介绍了鹅肝。到这里，你们可能觉得还好。但是接下来噩梦就开始了，澳大利亚和欧洲少有的蛆虫奶酪、埃及的鲻鱼……现场的味道用杨迪的话来形容就是“下水道爆炸了”。为此，节目的道具组还紧急购买了空气清新剂。然而，空气清新剂也拯救不了录影棚里糟糕的空气。

更可怕的还在后面，这期节目的游戏环节是外国人挑战中国黑暗料理——臭豆腐、纳豆、螺蛳粉、鲱鱼罐头、臭豆腐乳，左右挑战了其中最难的一个——臭豆腐乳。看过节目的人都知道，吃完以后左右迅速地冲出了画面，逃离了现场，通过没有关的麦克风能听到，左右真的吐了，我跑出去找到左右，向他表示歉意与安慰。左右应该是感受到了我的不安，一边吐，一边摆手，跟我说：“没事儿，我吐出来就好了。”

作为节目编导，这次录制让我印象深刻，因为从这次录制中我感受到了代表们对节目的认真投入和尽力付出。当然，此后我自己也对类似这样“食物惩罚”的方式产生了阴影。

“纠结”的钟逸伦

（后期大神：西西）

很多外国代表都找后期要过节目素材，其中索要次数最多的就是华波波，基本上每个后期都帮他打包过他要的片段，某位后期更是被戏称为他的“御用剪辑师”。

但钟逸伦有一次要素材最为特别。那次他在节目里跟其他代表一起唱了一首《答案》，他通过前期编导要来了他唱歌的音轨。编导本来以为他是要发INS之类的，就给了他自己唱的部分。然后他回复说想要所有人唱的音轨，来来回回传了好几次之后，大家才知道，其实他是想帮我们处理整首

歌的音频。我第一次遇到这样的热心人，还分担我们的工作，太感人了！不过，从另一个角度来说，我们的混音水平是被实名“鄙视”了吗？当然，最后的播出版本就是出自这位毕业于牛津大学、年薪百万的高材生之手。不知道伦儿有没有考虑过加入后期团队，不过，我们穷，请不起。

萨沙的“新娘”

（编导：陶瑶）

拍摄3.5季宣传片的时候，我们想到的创意是举办一场十年之后的婚礼，寓意着代表之间的兄弟情永远不变。

萨沙由于年龄最小，成为了这次“婚礼”的“新郎”人选，定了新郎之后，我们就要找一位合适的“新娘”。在我们的计划中，“新娘”承担的戏份并不会太多，所以我们对“新娘”也没有报以很高的要求。

没想到的是，当萨沙知道自己要成为新郎并将会有一个人来扮演他的“新娘”之后，他对选“新娘”这件事非常上心，那段时间我们最不想碰见的就是萨沙。一碰见他，他就说“我要找一个和高圆圆一样的‘新娘’”“我要长头发的‘新娘’”“‘新娘’一定要长得好看，不然这个婚我不想结”“‘新娘’定了吗？给我看看照片吧”等诸如此类的话。

等我们找了好几个人选给他看之后，他都不太满意——要么是身高不合适，要么是眼睛不够大，要么是不够白。没办法，“新郎”不满意，我们只能继续找，我们万万没想到拍摄这次宣传片最大的难题竟然是萨沙。他这么认真严谨的态度也让我们觉得很可爱，要知道，就连正式录像都没见过他这么积极的样子呢！

要找一个符合他要求的“新娘”真的不容易，我们中间一度以为找不到合适的人选了，都开始想没有新娘的备案了，毕竟时间太紧、资金也不充足。

终于，到了宣传片拍摄的前一天，我们抱着最后的希望视频面试了一位“新娘”，见到她的一瞬间，我们仿佛抓到了救命稻草，当下决定就是她了。也没有提前给萨沙看她的照片，因为我们相信他一定会满意。

到了正式拍摄的那天，当“新娘”走进来的时候，萨沙非常害羞，他说他很紧张，而且他对“新娘”很满意。其实这句话他不说我们也都知道他很满意，从“新娘”走进来，他的笑容就没停过，感觉整个拍摄现场都冒着粉红色的泡泡。

人类观察室

（宣传：黄雪梅）

这真的是一份还不错的工作，用不远不近的距离记录着这场史无前例的人类样本。《非正式会谈》这间“人类观察室”，迎接了来自不同国家和地区的 100 多位外国人。这些人大多成名或黯淡于会场的 16 张座位上，布景中超过 18 个的摄像头是相当可靠的见证者。

例如，毛衣设计师 Steven OO，生于缅甸，成长于美国，本科念的是经济学，研究生跨领域入读伯克利大学。30 多岁，却有着 18 岁的逆天童颜。神奇的人生，给了他太多非常规操作。

这些样本，打破了我们对原有生活圈的执念，给出了其他生动的参照。精英人群或野路子人士，都会有想不到的高光时刻。工作在《非正式会谈》，可能不是来匹配认知的，而是来调整认知的。

在肉眼可见的《非正式会谈》上，貌似耗费精力的明争暗怼，玩的却是花费心血的生存法则。也许就是这种没完没了的较劲儿，创造了《非正式会谈》包容而有趣的价值观。